好妈妈超越好老师

HAO MAMA CHAOYUE HAO LAOSHI

宋 洁◎著

光明日报出版社

图书在版编目（CIP）数据

好妈妈超越好老师 / 宋洁著 . -- 北京：光明日报出版社，
2013.6（2019.5 重印）

ISBN 978-7-5112-4831-2

Ⅰ . ①好… Ⅱ . ①宋… Ⅲ . ①家庭教育 Ⅳ . ① G78

中国版本图书馆 CIP 数据核字（2013）第 129065 号

好妈妈超越好老师
HAO MAMA CHAOYUE HAO LAOSHI

著　者：宋　洁			
责任编辑：李　娟		责任校对：王腾达	
封面设计：天　天		责任印制：曹　净	

出版发行　光明日报出版社

地　　址：北京市西城区永安路 106 号，100050

电　　话：010-67022197（咨询），67078870（发行），67019571（邮购）

传　　真：010-67078227，67078255

网　　址：http://book.gmw.cn

E-mai l ：lijuan@gmw.cn

法律顾问：北京德恒律师事务所龚柳方律师

印　　刷：三河市燕春印务有限公司

装　　订：三河市燕春印务有限公司

本书如有破损、缺页、装订错误，请与本社联系调换，电话：010-67019571

开　　本：145mm×215mm　　　　　印　张：12

字　　数：110 千字

版　　次：2013 年 6 月第 1 版

印　　次：2019 年 5 月第 2 次印刷

书　　号：ISBN 978-7-5112-4831-2

定　　价：29.80 元

前　言

　　俗话说："没有种不好的庄稼，只有不会种庄稼的农夫；没有教不好的孩子，只有不会教孩子的妈妈"。教育孩子，是需要技巧的。做一个合格的好妈妈，一个优秀的好妈妈，光有爱是不够的，兼有洞察力也不足以胜任，一个好妈妈还要能够透彻认识自己，并认真研读孩子这本无字书，不断完善自己的育儿知识和教养方式，为孩子提供一个适宜的成长环境。也许世界上所有的妈妈最盼望的只有一件事：使自己的孩子健康幸福地成长，并在人生道路上取得成功。那么，好妈妈应该是怎样的呢？妈妈在孩子的成长历程中能够发挥多大的作用呢？

　　好妈妈首先是孩子的好朋友。在孩子的成长过程中，好妈妈要像好朋友一样陪伴孩子成长。这种陪伴，对于良好亲子关系的建立和巩固具有非常重要的作用。在忙碌的工作中，妈妈特意腾出时间来与孩子一起打打篮球，出席他在学校的演讲比赛，又或者带他到郊外去探索大自然的奥秘。通过与孩子的这种近距离接触，孩子才能真真切切地感受到妈妈的爱，妈妈也才能和孩子有更多的共同语言，就像好朋友一样和妈妈分享自己心中的快乐与忧伤，与此同时，这种朋友关系还能够帮助孩子养成持之以恒的品质，掌握其他与学习、生活、工作相关的技能，用妈妈自己的兴趣、可依赖性及独特的指导，为孩子树立榜样。最好的妈妈不是端坐在书房里写字的妈妈，也不是忙碌在厨房里做菜的妈妈，而是那个像好朋友一样，与他一起游戏，一起解决问题，了解他需要怎样的爱，和他一起领略人生中美丽风景的妈妈。

好妈妈也是孩子的好老师。老师被誉为人类灵魂的工程师，也是人类智慧、能力、知识的传递者。好的家庭教育就像学校的小班授课，妈妈和孩子是一对一的教学关系。孩子作为一个独立存在的个体，能够得到妈妈全部的关注。著名的教育家杜威说过："教育就是生活，生活就是教育"。好妈妈要想办法使孩子的心灵进入一个更大的世界中，培养他出色的生活实践能力和良好的道德品性。孩子终究是要长大的，要离开妈妈走向社会。作为孩子称职的老师，妈妈不仅要积极配合孩子完成书面形式的作业，还要放手让孩子参与社会实践活动。当孩子在实践活动中遇到了挫折，妈妈应给予关怀和帮助。如果妈妈们把握好在生活中对孩子的教育，当好孩子的生活老师，这将是孩子的福分和幸运。

好妈妈是孩子成长道路上的引路人。中国的多数妈妈认为什么都管，让孩子完全按妈妈的思路去做，便是对孩子最完全的爱，其实这是妈妈在借助"爱"的名义来控制孩子。好妈妈应该克制自己的控制欲望，尊重孩子，给孩子自由，离孩子稍远一点观察，给孩子一些成长空间，培养孩子独立思考和判断的能力，在一点一滴的小事中对不同做法的选择加以引导，就可以逐步培养孩子乐观、向上的生活态度和良好的价值观，让孩子在不同的年龄阶段拥有自主选择权，做孩子成长道路上的引路人。

好妈妈就是一所用爱筑就的学校，每一砖每一瓦都承载着一个母亲对孩子的至真至纯的、无私的、伟大的爱。好妈妈就是那个用彩笔为孩子描绘绚丽人生画卷的人，用声音为孩子讲述多彩世界的人。

目 录

上篇 爱子心经——孩子，妈妈会这样爱你

第三章　孩子成长需要一个幸福温暖的摇篮

中篇　育子秘诀——如何雕刻孩子这块璞玉

第一章　早期教育成就孩子的一生

第二章　阳光心态是妈妈给孩子受用一生的礼物

第三章　妈妈，和孩子谈谈生命

下篇　实用宝典——妈妈解决育子难题的妙招集锦

第一章　如何说孩子才会听，怎么听孩子才肯说

第二章　妈妈应该学习的五大权威教育方法

第三章　值得学习的好妈妈典范

上篇

爱子心经

——孩子，妈妈会这样爱你

第一章
审视你给孩子的爱

越多的爱并不意味着对孩子越有益，通过牺牲自我来满足孩子的需要也不能说明母爱的伟大，给孩子爱之前，先洞察一下自己的心理真相，也许你会发现，自己并没有那么伟大，你的爱也没有真正滋养到孩子。

溺爱的心理真相不是牺牲自己，而是宠爱自己

一个已经在上高中的学生，还要他的妈妈为他去拉抽水马桶，不是不会拉，而是每次都懒得动手，后来，他去了美国。他从那里回信说：由于妈妈"多管闲事"，几乎毁了他的前程。

一位已经上了大学的女孩子，喜欢吃鱼，但不"喜欢"摘刺儿。据说她妈妈"喜欢"摘刺儿，而"不喜欢"吃鱼。于是母女多年来就成了理想的"搭档"。后来，她到了一个盛产鱼的国度。她从那里回信说，正是妈妈的"喜欢"帮助，几乎剥夺了她维生的"技术"。

一般人富贵了想到的是封妻荫子，给子孙留下一笔可观的财富，自己享受了一辈子，也让子孙享受一辈子或者半辈子。但是，我们从历史上看，很多人虽然留了很多财富，子孙都不会享受一辈子的。名门之后，还想高人一等，结果是连普通人都不如，享

受少而受苦多，有出息的更少。在东南亚的华侨，有很多人发了大财，但是传到第二代，就破产了。

溷爱，对孩子和妈妈来说，不是幸福而是灾难。因为溺爱，不知多少青少年失去正常的生活能力和人格魅力；不知多少妈妈为宠爱出孽子而痛心疾首。溺爱是毁灭性的教育方式，相信大多数妈妈已经从无数的前车之鉴中认识到这一点，但是，还是有那么多妈妈控制不了自己的溺爱行为，甚至那些通情达理的高素质知识分子，一面对楚楚可怜的孩子也不禁变成疯狂给爱的妈妈。这是为什么呢？母爱真是如此伟大吗？

其实，溺爱不仅仅出于妈妈本能的母爱，还出于妈妈对自己的宠爱。

每个人内心中都藏着两个"我"。一个是"内在的父母"，即我们现实中的父母角色与理想中的父母角色的内化，当我们为人父母时，这个"我"也就是我们自己。另一个是"内在的小孩"，即我们对自己童年体验的记忆和自己理想童年的内化。

溺爱最重要的也是最不容易被人发现的原因，就是妈妈将"内在的小孩"投射到现实中的孩子身上。她把现在的孩子，当做自己，按照自己潜意识里的意愿给孩子爱，她根本看不到孩子的成长需求，而是将孩子当成自己的另一个"我"，给予过度满足。例如那些从小生活贫困的妈妈，就会在物质上大量满足孩子，因为她潜意识里极端排斥贫苦的日子，她给孩子大量的物质，其实是在满足自己"内在的小孩"的物欲。所以，妈妈无节制地给予孩子爱，其实是在无节制地满足自己的欲望。溺爱表面上是牺牲自己满足孩子的需要，其心理真相却是宠爱自己。

每个妈妈都应该反思一下自己对孩子的爱，你是不是在按照自己的想法爱孩子，你是不是希望有一个和孩子一样的童年呢？

如果是，请注意了，你也许正在有意无意中溺爱孩子。

在溺爱中成长的孩子会有很多缺陷，比如他喜欢追随别人、求助别人、人云亦云，在家中依赖父母，日后在外面宁愿依赖同事、依赖上司，也不愿自己创造，不敢表现自己，害怕独立，又或者他喜欢做一个"小霸王"，自私自利，不尊重父母兄弟姐妹，脾气暴躁，性格极端。这些都意味着他的人格还没有趋于成熟和健全。溺爱对孩子的负面影响可见一斑。

对孩子真正的爱其实是一种理智的爱。比如，当和孩子一起外出游玩时，孩子发现了很多精美的玩具、美味的糖果、漂亮的衣服……妈妈可以买，但一定要有个节制，让孩子明白，不是所有的东西，妈妈都必须要无条件去给予他。或者在某些特定的情况下，满足孩子某些特别的愿望。关键在于，在这种时候，你要让孩子知道，这是因为有特别的原因你才会这么做的。

理智的爱还表现在针对孩子不同的阶段，采取不同的爱的方式，比如在 0 ~ 2 岁，要给予孩子无条件的爱，让他在这种爱的环境中得到生命最初的安全感。到了 2 ~ 4 岁，孩子开始自主探索世界与自己，这时，最明智的爱是尊重孩子的自主探索，使他的自我意识得到强化，这样，当他步入青春期后，他会发现他已经能够独立地处理很多成长的问题，化解很多生活中的困惑。

小测试：看看你溺爱孩子的程度

这个测试针对 6 ~ 12 岁孩子的妈妈，请根据孩子的真实状况选择偏高、一般、偏低三个选项。偏高得 2 分，一般得 1 分，偏低得 0 分。答完 24 题之后，累计总得分。

1.会自己整理书包，准备上学用具。

2. 受到挫折的时候，不会向父母发泄。

3. 看到某些想要的东西，如果父母不给买，就会放弃得到。

4. 在找人借东西之前，都会向物主说一声。

5. 遇到什么困难都不会抱怨别人，并且希望下次做得更好。

6. 会关心其他的家庭成员。

7. 愿意与客人分享自己的食品和玩具。

8. 无论是看电视的时间，还是上床睡觉的时间，都有规律可循。

9. 需要做决定时，知道自己要什么，不会不知所措。

10. 做家务劳动的时候尽职尽责。

11. 能够清楚地表达自己的想法。

12. 遇到问题首先会想到自己解决，不会马上让父母协助。

13. 见到别人会很自然地打招呼。

14. 善于反省自己的问题。

15. 不会乱发脾气，生气有原因。

16. 能够欣赏别人的优点，而不是嫉妒。

17. 对父母的付出懂得感谢。

18. 家里家外一个样。

19. 能合理地支配自己的零用钱。

20. 总是喜欢自己、欣赏自己，对自己很有信心。

21. 容易亲近，善于与人合作。

22. 喜欢动手帮忙做家事，不懒散。

23. 在环境及外部条件恶劣的情况下，依然做好自己该做的事。

24. 不会和人比较物质条件。

测试结果：

37分以上：你不是特别宠爱孩子，你的孩子已具备很好的社会化能力，能应付这个繁杂的社会。

36～25分：你有一点宠爱孩子，现在你要帮助他建立欠缺的与人交往的能力。

24～12分：你很宠爱孩子，有时过度保护，有时又太放任，这样会阻碍他发展相关能力的意愿与标准。

11分以下：你已经过度宠爱孩子，阻碍了他很多能力的培养，不可以再宠他了。

放纵型溺爱，最懒惰的爱

一对夫妇中年得子，对儿子是百般疼爱，从来什么都是依着他，他要什么就给什么。儿子是个比较内向的男孩，平时不爱和人交往，学习成绩也是普普通通。高中毕业之后，儿子没有考上大学，父母就将他送入一所私立大学读书。就在儿子读书期间，夫妻两个人每两个星期都要到儿子的学校去看望他，生怕他有什么不适应。

大学毕业之后，父母并不鼓励儿子主动去找工作，他们对儿子说："你是大学毕业生，可以找一份好点的工作。"意思是不让儿子出去受苦受累。于是儿子也是很心安理得地在家里过了两年，但是什么工作都没有找到。后来父亲不得已帮儿子找了一份很普通的工作，儿子上班不到一个月就回来了，说是不适应，而这一回来，就在家里待了4年，这4年中不出家门一步。

看到儿子这样，做父母的十分担心，但还是一味地由着他，可是老两口一把年纪，这么下去，儿子以后怎么办呢？父亲为此渐渐变得不爱说话了，心中的压抑堆积了起来，最后得了忧郁症。父亲住院了，儿子也不去看望，而母亲不得不在照顾了丈夫之后又回家给儿子做饭。

这是一个真实的故事，可以说，儿子能走到今天，都是父母放纵溺爱的结果。这样的男孩，如此自闭、冷漠、寡情、无能，几乎等于一个废人，更谈不上是什么男子汉了。这是孩子的悲剧，更是父母的悲哀。

溺爱看起来最富有牺牲精神，但其实也是最懒惰的爱。其中最最懒惰的就是放纵型的溺爱，因为这样做的妈妈放弃了思考，而让没有什么自控能力的孩子去发号施令。对孩子来说，他小的时候也许会觉得妈妈对他很好，但当他逐渐长大，有了自己独立的思想之后，他会觉得妈妈的干涉是对他的一种禁锢，他想冲破这道禁锢，于是矛盾就不可避免地产生了。而如果他的独立意识已被磨灭的话，这对孩子就是更致命的伤害。就像上文中的儿子一样，毫无独立意识的孩子会过度依赖妈妈，对困难畏首畏尾，对生活也缺少热情。于是，懒惰的溺爱造就了懒惰的孩子，懒惰的生命。

所以，教育孩子，最忌讳的就是溺爱。一个在溺爱环境中长大的孩子，别指望他将来会有出息。对孩子的爱，只能放在心里，表现出来的，该狠还是要狠一点。不要放纵孩子，对他的要求全部给予满足，而要舍得让孩子吃一点苦头。以孩子为中心，一味地放纵溺爱，是不利于孩子身心健康的，对他们的成长极为有害。

一般来说，在家庭当中，妈妈放纵地溺爱孩子，最典型的表现有以下几种：

其一，对孩子给予"特殊待遇"，使孩子滋生优越感。

有很多妈妈由于孩子是家里的独生子，让孩子在家里的地位高人一等，处处都会受到特殊照顾。这样的孩子必然是"恃宠而骄"，变得自私没有同情心，不会关心他人。

其二，对孩子的各种要求"无条件满足"。

有的妈妈对孩子的各种要求总是无原则地满足，儿子要什么就给什么。有的妈妈觉得"再穷不能穷孩子"，即便是自己省吃俭用，也要满足孩子的无理要求。这样长大的孩子必然养成不珍惜物品，讲究物质享受，浪费金钱和不体贴他人的坏性格，而且毫无忍耐和吃苦精神。

其三，对孩子过分保护。

有的妈妈为了孩子的"绝对安全"，不让孩子走出家门，也不许他和别的小朋友玩。更有甚者，变成了儿子的"小尾巴"，步步紧跟，含在嘴里怕化了，吐出来怕飞走。这样养大的孩子一定会变得胆小无能，丧失自信，养成依赖心理，或者是在家里横行霸道，到外面胆小如鼠，造成严重的性格缺陷。

其四，袒护孩子所犯的错误，成为"护犊子"。

当孩子犯了错误的时候，妈妈总是视而不见，反而说："不要管太严，孩子还小呢。"有时候爷爷奶奶还会站出来说话："不要教得太急，他长大之后自然会好了。"这样环境长大的孩子全无是非观念，长大之后很容易造成性格的扭曲。

为了孩子的健康成长，妈妈要给予他充分的爱，但是不可以一味地迁就儿子，这样培养出来的孩子将来会出现很多问题：缺少远大的理想，缺少是非观念，缺少良好的习惯，缺少挫折教育，等等，直接影响孩子的未来。

苏联著名教育学家马卡连柯警告说："父母对自己的子女爱得

不够，子女就会感到痛苦，但是过分溺爱虽然是一种伟大的感情，却会使子女遭到毁灭。"如果妈妈无视这种警告，一意孤行地认为只要尽力满足孩子的一切需要，就能保证孩子幸福健康地成长。那么，这种教育方式势必会影响孩子在各个方面的发展，让孩子失去竞争力，甚至使孩子养成各种不良性格。

疼爱孩子是妈妈的天性，但是如果疼爱得过了头，那就要变成溺爱了，溺爱只会害了孩子。作为妈妈，千万不要让你懒惰的放纵型溺爱害了孩子。

密不透风的"爱"源于自私

一个访谈节目中，台湾舞后比莉讲起在培养孩子的过程，自己总是处于希望孩子快点长大，但又害怕孩子长大的矛盾状态中。比莉回忆在儿子小时候，有一次送他上学，儿子在门口对她说："妈，以后不要再送我上学了，我都上国中了，同学都没有爸妈送了！"她听了儿子的话才恍然大悟，意识到儿子已经长大了，比莉就跟主持人说："我真舍不得让他长大！"

相信每一个妈妈都有和比莉一样的感受，想让孩子长大，但是又舍不得他们长大。多希望孩子永远都能天真无邪，单纯可爱，永远在我们的翼下保护，不要离开我们的视野，让我们永远拥有他。妈妈们心里深处或多或少都会有这样的恐惧：害怕孩子长大独立，害怕孩子与妈妈分离。

所以，妈妈即使认识到自己对孩子这种密不透风的"爱"，会令长大了的孩子有些受不了，也会使他们变得越来越糟糕，但是妈妈就是不自觉地要对孩子过多爱护和管教。

当孩子越来越大、越来越独立、越来越渴望自己为自己做主时，妈妈就会感到极大的分离焦虑。她在内心里害怕孩子长大，于是，有些妈妈会有意无意地在阻碍孩子长大。

小豪今年已经上初中二年级了，他从小由妈妈带大，任何事情都是由妈妈全权打点，无论是削铅笔、收拾文具、洗衣服、买零食，还是选择学习内容、填报志愿，大大小小的所有事情都是妈妈为他做。小豪对此很安然自得，妈妈也做得心满意足。

然而，小豪在学校里发现其他男孩都会做很多事情，例如自己把带来的饭盒洗干净、自己收拾自己的文具书本、自己绑鞋带，等等，而这些事他都不会做，他觉得有点不好意思，于是他想和其他同学一样，自己做自己的事。当他向妈妈提出这个要求时，妈妈当即回绝了他："傻孩子，妈妈帮你做就好了，你就不用操心了，好好学习吧。""可是其他同学都会笑话我什么都不会做啊，他们说我长不大，什么都要靠妈妈，不像个男生！""才不是呢，他们是嫉妒你，其实他们自己也不想做，所以故意说你呢！"

小豪勉强相信了，可是，他渐渐地开始对妈妈的关心和帮忙产生了反感，他总觉得自己没有其他孩子自由，于是经常对妈妈发脾气。妈妈看到孩子这样的抵触情绪，觉得孩子长大了，翅膀开始硬了，就想离开妈妈了，心里特别失落，但是，她还是不让小豪碰任何家务事，甚至是小豪自己的事，她总觉得，只要自己帮孩子做这些，孩子就会一直依赖他，就不会离开他，她宁愿让孩子懒一些，也不愿意他很快独立起来离开自己。

很多妈妈就是这样，希望通过为孩子做事，了解孩子的想法，来感觉到孩子仍然依赖着自己，来消除自己害怕孩子长大的心理。这样的爱看似是对孩子的宠爱和负责，其实是出于妈妈的自私，为的是满足妈妈的安全感。如此自私的爱，不能算是真爱。孩子长大是必然，没有一个妈妈能够把孩子绑在自己的身边一辈子，即使你把他绑住了，那也是对他巨大的束缚。

孩子长大了，会渴望独立空间，渴望伸展自己的手脚，尝试自己的力量。这是一个生命成长的必然规律。妈妈们不要一厢情愿地认为孩子就是一个永远不懂事的小孩，永远不知道该怎么做事的小孩，你得时时为孩子的一切事情操心。不要像对待一个 2 岁的孩子一样去对待已经长大的孩子，这是对孩子无形的伤害。

妈妈必须要舍得孩子长大！要知道，妈妈的怀抱再温暖，也不如给他一双强健的翅膀，这样即使妈妈不在身边，他也能飞翔；妈妈的肩膀再结实，也不如给他站立的力量，这样即使妈妈老去，他也能独立行走；无论妈妈是多么智慧、多么有能力，都不如教给他智慧和能力，这样才能让他独立面对世界。

作为妈妈，必须舍得孩子长大，不能因为舍不得就牢牢地把他圈在自己爱的包围圈里，这对孩子是错误的爱，好妈妈会允许孩子心理上与自己分离。

"大人永远都是为了你好"是谬论

冬季的一天，寒风凛冽，气温骤降。一位母亲冒着刺骨的北风骑车数里来到一所大学校园的女生宿舍，找到正在这里上学的女儿。打开宿舍门，女儿见是母亲，感到十分惊讶，问她有什么事，母亲说给孩子送羽绒服。

女儿感到啼笑皆非，告诉妈妈自己不需要。"我这里有足够的保暖衣服。这么冷的天，我们都在宿舍里念书，不会出去的。再说，您顶着风给我送衣服，就不怕自己生病啊？"

母亲则十分恼怒，"我这不是怕你冷吗？怕你不知道多穿点儿。怎么了，我关心你不对吗？我这不是为了你好吗？你怎么这个态度？"

母亲扔下衣服忿忿然地走掉了。女儿追出来叫她进屋坐一会儿，她好像没听见。

母亲感到很委屈：她觉得自己很伟大，她是如此地心疼女儿，顶着寒风送去冬衣，简直是个英雄！一路上，她都在想象女儿看见自己时会是多么感激涕零。然而女儿却让她失望了，非但不领情，反而将她送到手边的温暖拒之门外。当着女儿同学的面，她真是下不来台，不禁恼羞成怒。

女儿也感到很委屈：我已经长大了，能够自己照顾自己了，妈妈却还拿我当小孩子。这么多同学的妈妈都没有来，偏偏她来了，小题大做。她总是命令我无条件地接受她的关怀，也不看我到底需要不需要。只要提一点意见，她就责怪我，让我对她感到负疚。

这位妈妈认为自己的爱是伟大的，无论何时女儿都应该谦恭地接受，否则就是没有良心；然而，从客观的角度看，她仅仅照顾到了自己的利益，却忽视了孩子的体验。她沉浸在自己的情绪之中，却毫不顾及女儿的感受。美国家庭心理咨询师茱迪丝·布朗将这种"爱"称作对孩子实施"慈祥的虐待"。实际上，这种以"爱"的名义所产生的心理伤害，绝对不亚于暴力行为留下的重创。

茱迪丝·布朗说，"妈妈自欺欺人的通病就是，他们为孩子做的一切，无论如何满足了他们自己，却说成是为了孩子。"这种说法表面有理，其实荒谬。在这个旗号下，妈妈不仅参与孩子的所有的行为，强迫孩子接受妈妈的选择，甚至指导孩子何时何地以什么样的方式表达自己：委屈了不许哭！失望了不许生气！高兴了不许叫唤！对妈妈之情要感激感动、感恩戴德……

茱迪丝·布朗还在《都是为了你好》一书中指出，在家庭中，妈妈有着强大的需求，但是这些需求往往被高尚的托词乔装遮掩，暗中扭曲孩子的生活。"都是为了你好"就是最常用来遮掩父母内心需求的高尚托词之一。

孩子不爱吃饭，妈妈端着碗在身后追着喂："为了你的营养，为了你的身体好！"孩子爱玩儿水，身上弄湿了，妈妈坚决制止："怕你感冒，为了你的健康好！"妈妈给孩子报了钢琴班、美术班、舞蹈班、英语班，每天陪着孩子东奔西跑上课练习考证："为了你的将来着想，为了你的前途好！"孩子有了自己的喜好，妈妈马上站出来制止："别看那种书！不能跟那种人交朋友！你会学坏的！这可是为了你好！"孩子喜欢文学，妈妈却禁止他看小说："不许学文学艺，应该学理学商学医，这才是正道！都是为了你的将来好！"孩子恋爱了，妈妈对其钟情的对象横挑鼻子竖挑眼："这个对象不行，跟他/她吹了，我们给你介绍更好的。别伤心别生气，我们都是为了你好！"

无论孩子做什么，妈妈都会参与、指挥、压制、干涉："听我的，这都是为了你好！"每个妈妈都应该坐下来，扪心自问：我殚精竭虑呕心沥血，所做的一切，真的都是为了孩子好吗？"都是为了你好！"凡是这样说话的妈妈，都持有一种自以为是的态度，摆出一副居高临下的架子，把自己当做孩子生活的总指挥：

"听我的，我知道什么是对你最有益的选择！"

当孩子反抗时，"都是为你好"意思是"我为你好才这么要求你，所以你不论喜欢还是不喜欢，都必须照办"，这里隐含了一个假设，即出发点好结果就一定好，这个假设不符合事实。另外这里还包含了一个前提：你自己不知道什么对自己好，所以要听我的。对于很小的孩子，这一点或许是事实，对比较大的孩子，是不会认同的。

当孩子置疑时，"都是为了你好"意思是"我的动机是为你好，所以你无权置疑我行为的效果，即使事实表明我错了，我也不需要道歉，而且下次你仍然应该无条件地服从我"。这个潜台词十分蛮横，如此一来，哪个孩子还敢表达自己的意见？

当什么情况也没有发生，妈妈却高频率地说这话，意思是"我整天都在为你好，我的生活目的就是为你好，所以你应该记住我的恩情，你欠我的"。这是妈妈在扮演一种"债权人"和"施予者"角色，扮演的目的是要保持对孩了的控制。

这样一句"都是为你好"，对孩子的威胁却是十分可怕的。在这句话的威胁中成长的孩子往往既不会表达愤怒、也不怎么会表达爱。经常压抑自己的愤怒和感情，习惯于以别人的标准要求自己。他们不敢和妈妈做直接的交流，因为在交流之前就已经在脑海里出现了妈妈勃然大怒的形象。

就是这样轻而易举地，妈妈对孩子实施了精神控制，或者说是精神奴役。常说这句话的妈妈们请好好反思一下，"都是为你好"真的是为孩子好吗？

慈母让孩子无限扩张，严母让孩子无限萎缩

2009 年，某富家公子飙车撞死一青年的事件，格外令人关注，这场车祸很快演变成一场公共社会事件。因为这起事件显示出当代家庭教育的重大问题——家长的溺爱放纵造成孩子的自私放肆，这个问题尤以富二代为甚。

富家公子在市区飙车，撞人后若无其事，竟没有一点负罪感。而出事后肇事者的妈妈居然不是报警救人，而是赶紧打电话找关系。在死者的追悼会上，肇事者的妈妈跪在灵前，连声说对不起。原本一直哭泣的死者妈妈，一反常态地平静，对着肇事者妈妈说："我不会打你，我就是想跟你说我养大这个儿子有多么不容易，我摆过早饭摊……什么都干过，好不容易养大了，成才了……"

事件中的两位妈妈，一位摆饭摊养家糊口，培养出了懂事、上进、孝顺的青年才俊；一位一掷千金，给儿子买跑车如买玩具，结果是除了自我，视他人生命如草芥。

这个事件，印证了韩非的名言："慈母有败子。"慈母之所以败子，就在于放任孩子，致使最后不可收拾。妈妈对孩子过分慈爱，子女就不会成器。诚然，疼爱子女是妈妈的天性，也是应尽的责任，但爱总得有个"度"。眼下，生活水平提高了，给孩子提供良好的生活学习条件，也在情理之中。但切不可好过了头，爱过了火，否则不仅实现不了盼子成龙、盼女成凤的美好愿望，反而有可能种下的是苦果，甚至恶果。

法国教育家卢梭说："你知道运用什么方法，一定可以使你的

孩子成为不幸的人吗？这个方法就是对他百依百顺。"所以，真正伟大的母爱，应是有尺度有方法的理性的爱，以孩子人格的健全发展为前提，以孩子独立能力的形成为目的。如果妈妈真正爱孩子，就不要对孩子无原则地慈爱，这样的慈爱就是溺爱，在溺爱的环境里，妈妈的娇惯和纵容使孩子滋生了唯我独尊的心理，包围孩子的是一片表扬、赞叹，孩子就会变得过分要强，就像温室里的花朵经不起一点风雨，一遇到挫折就变得精神委靡不振，消沉慵懒，做事没有劲头。

过度慈爱会败子，而过度严厉也会毁子。慈母败子的错处在于让孩子自我无限的扩张，而严母毁子的错处在于让孩子自我无限的萎缩。

有一个小学四年级学生，是班里的学习委员，酷爱学习，是老师心目中的"尖子生"。但妈妈对她的期望过高、要求过严，她要求女儿每门功课必须在98分以上，有时考了95分，虽然在班里名列前茅，但妈妈仍不满意，对她严厉批评。在妈妈的严厉管教下，孩子的心理压力很大，学习丝毫不敢怠慢。后来渐渐地，她便感到力不从心、疲惫不堪，学习成绩明显下降，对学习也产生了厌倦，开始喜欢上了逃课，当老师找到她时，她蜷缩在路边，十分恐惧，并且哀求老师不要把她送回家去，她害怕回家面对严厉的妈妈。

妈妈对孩子提出比较高的、比较严格的要求是必要的，但应当把握好"度"。如果期望过高，反而会适得其反，这时孩子会觉得自己无论怎样努力也达不到妈妈的要求，无论怎样努力都是失败，渐渐地就会失去信心，对自己的能力产生了怀疑，进而会把学习当成一件可怕的、痛苦的事情，厌学情绪也会油然而生；有的极端的孩子干脆来个"死猪不怕开水烫"，反正达不到要求，索性放弃！

每位孩子的心理素质和学习能力是不同的，妈妈应当根据孩子的实际能力和水平，提出适当的要求。另外，妈妈应当认识到，考试分数充其量不过是关于孩子学习质量的一种不十分精确的信息，并不能反映孩子的学习全貌，没有必要把分数看得太重。还应该认识到，孩子的成功与否并不是最重要的，快快乐乐地成长、幸幸福福地生活才是生命的真谛。

妈妈过于严厉，不仅对孩子的身心发展有危害，还会腐蚀孩子的价值观。若妈妈对孩子管教过于严苛，对孩子没有耐心，容易暴怒、动辄体罚，就会适得其反。孩子在这样的环境长大就会潜意识中把暴力植入自己的大脑，以为这就是解决问题的方法，久而久之就养成了崇尚武力解决一切的习惯，严重阻碍孩子的健康发展。

总之，"慈母败子"，"严母毁子"，妈妈一定要慎重对待给孩子的爱，把握好爱的"度"，才能发挥好爱的作用。

自我"牺牲"换不来孩子辉煌的未来

我是一位63岁的农民，今天我给你们写信，是想说说我的家事。虽说家丑不可外扬，但这些事憋在心里好长时间了，最近总感到心口疼。

我儿子是一名大学生，也是我们家五代人唯一考出的大学生，这是我老两口的骄傲啊！但因为这个不争气的东西我们也伤透了心。

记得儿子刚考上大学时，我去学校送他。下了火车后，我扛着笨重的行李走在前，儿子跟在后。本来就因为坐了一夜的火车，再加上上了点年纪，刚到学校门口，就被大门前一根铁条绊倒了。我重重地摔倒在地上，行李扔出了老远，一只鞋也甩掉了。儿子向四周看了看，像怕什么似的拉住我的胳膊猛地用力拽了一下说："干什么啊，丢不丢人！"尽管我的双腿摔得很疼，但还是得很快爬起来，捡起鞋穿上继续去背行李。把儿子安顿好后，我忙着又是挂蚊帐，又是买日用品，这一切似乎在儿子眼里都是天经地义的。

第一学期儿子一共来了3次电话，每次都是要钱。我和老伴种着3亩地，抽空我就到村里的砖厂去做工。开始人家说我老，不肯收，我几乎给人家跪下了，人家可怜我才让干的。小闺女16岁了，初中毕业后上不起学给人家当了保姆，挣的钱交给我后，我一分舍不得用，全寄给了儿子。甚至有一段时间老伴的眼睛肿得厉害，疼得一个劲儿流泪，都舍不得花钱买一瓶眼药水啊！

为了能多挣点钱，老伴又在村子里找了一份看孩子的差事。给人家抱一天孩子只挣5元钱，没日没夜的。去年冬天，儿子电话打得特别勤，每次都是要钱。我寄了4次有6000多元，我不知道现在上学就得这么多钱。后来才听村里去打工的一个小伙子回来说，他见到我儿子了，正谈着恋爱，很潇洒。说真的，我和老伴听了后不知是该气还是该高兴。然而最可气的是今年过年儿子回来时，那不争气的东西，居然偷改了学校的收费通知，虚报学费。这之前我只是在报上看到过这种事，没想到会发生在我身上。如今好几个月过去了，我一想起这事就心痛，整夜睡不着觉。我不明白，我们亲手抚养大的儿子好不容易考上大学，为什么会变成这样，不知他们在大学里除了学习文化外，还能否学到要有良心？

　　这是一篇刊登在《新华每日电讯》上面的文章。这对可怜的父母，几乎牺牲了自己的一切去讨好儿子，得到的却是这样的回报。相信看了这篇文章的妈妈们都感到痛心疾首，可怜天下父母心，怎么会养出这样一个不孝子！同时，我们也能猜到，这样一个毫无感恩之心，虚荣自私的孩子，是很难有光明的前途的。他将为自己的"小聪明"付出很大的代价。但反思一下，不难发现，恰恰是因为父母的完全"牺牲"，孩子才养成现今这种虚荣自私的品性，所以，自我"牺牲"不仅换不来孩子辉煌的未来，甚至会造成孩子品性的恶劣和前途的渺茫。

　　苏联教育家马卡连柯曾说，一切都让给孩子，为他牺牲一切，甚至牺牲自己的幸福，恰恰是送给儿童的最可怕的"礼物"。

　　但是，家庭对绝大部分女性来说，往往意味着"牺牲"，至少要牺牲很多的个人时间和空间，去处理家庭的琐事，例如孩子不肯睡觉了，老人生病了，亲戚串门了，等等，不得不推掉很多的同学聚会、健身课程和个人爱好。一个家的确需要一个凡事都操心的人，这样家里才有主心骨，才能团结在一起。但是这个主心骨就一定要什么事情都做好，抛开自己的一切吗？

　　有一位成功的职业女性，结婚生子后，毅然放弃自己的工作，安心在家相夫教子。但是很快问题就出来了，一方面是教育孩子没有她想的那么顺利，总是问题不断，小孩生病，读书不好，对人没有礼貌等，这一切在她的公婆看来，都是因为她教子无方；另一方面，她觉得自己离以前的那帮姐妹越来越远了，她很久不去做美容，也没有心情购物，整个人的情绪坏到了极点。

后来她去咨询心理医生，心理医生说："你需要一份工作，或者是一个爱好来疗伤。"

的确，百分之百将自己牺牲在家务当中，不仅不能达到照顾家庭的理想效果，还会给自己制造伤口。如果家庭中产生不愉快，妈妈们很自然会把原因归结到自己的无能上，渐渐增加了负罪感和挫败感。而一个爱好，或者一份工作能让妈妈们重新找回自信和乐趣。

为什么说牺牲自我对家庭的好意未必见效？我们想一想，牺牲自我的妈妈们往往把孩子的事情都揽在自己身上，小到系鞋带，大到他交了怎样的朋友、将来读什么大学等，事事都要关心。这样做的结果，往往是孩子不知道妈妈为自己做了多少事情，或者就算是知道了，也觉得理所当然，少了感恩之心。长此以往，孩子不知不觉中学会了自私自利。

爱孩子并不意味着"牺牲"自己，给孩子越多爱不代表对他越好，为了孩子健康成长，为了家庭幸福美满，妈妈要学会适度从家庭孩子中抽身出来。对很多妈妈们来说，要从家庭抽身回到职业女性的角色稍嫌困难，但我们可以培养一个自己的爱好，或者养花种草，或者养养宠物等。将自己的精力和情感分散开来，这样我们的内心才能达到平衡的状态。孩子、家庭和自己，每一个都能好好兼顾过来。

第二章
如何给孩子高质量的爱

爱孩子是每一位母亲的本能，这种爱，有时能给孩子温暖，有时却严重地影响了孩子的发展。所以，母爱都深如大海，但质量有别。任何时候，爱都要讲究方法，都要为孩子量身定做，只有让孩子受益，妈妈的爱才真正是有意义的。

妈妈宠爱孩子有方法，要宠不能惯

今年一开学，某学校脑瘫班的乐乐，现在连路都不怎么会走了，而上个学期期末的时候，她走路非常的好，虽然时不时会摔倒，但是可以自己独立的行走。大家都夸她练习认真，成果明显。结果这个学期怎么突然就退缩了呢？

原来这个暑假，乐乐的保姆去照顾姐姐的孩子了，没有时间照顾她，因此乐乐的生活都是由妈妈负责的。而乐乐的妈妈由于孩子的缺陷，非常的自责，对孩子十分迁就，哪怕是乐乐说："无论我说什么，无论我说的是对的还是错的，你都不准反驳"，妈妈都没有任何的意见。在家里，乐乐称王称霸，家里人不敢说半个不字。因此寒假的一个月时间里，乐乐就整天坐在家里看电视，从来没有好好地锻炼自己的身体，更别说专门的练习走路了。一个月不练习的结果就是：现在连走路都有问题。

21

宠爱孩子，这是孩子的福分。所谓的宠，应该是满足孩子在成长过程中的感情需求，这样宠出来的孩子在日后的成长过程中会更加自信。天下的妈妈没有不宠爱自己孩子的，但是，并不是所有的妈妈都懂得宠爱孩子的尺度，这是孩子的不幸。对孩子的宠爱，应该有度，如果宠爱无度，就会变成溺爱。溺爱会给孩子带来一系列的不利影响：助长孩子的任性和娇气，弱化孩子与外界交流的能力，埋没孩子处理各种事情的潜能。

有一些妈妈，从来不让自己的孩子做任何的家务，对孩子的各种要求几乎是"有求必应"，当孩子遇到各种困难自己都先迎难而上。一句话概括就是，妈妈在极力创造一个让孩子感觉到没有任何委屈的环境。这样做的后果，孩子无疑是得到了安逸，万事不求人，但是这样做的同时，也把孩子应该具备的社会适应能力和免疫力舒舒服服地破坏掉了。

妈妈对孩子无度的宠爱还会使孩子在潜意识中形成"唯我独尊"的错误意识，他们成了家里的上帝，他们的喜怒哀乐左右了家庭的气氛。在学校中，有不少孩子是任性不羁的霸王，没有任何人能和他沟通，没有任何规则能够约束他。

妈妈对孩子的过度宠爱，原因大致有以下几个方面：

1. 妈妈小的时候自己受苦太多，曾经感受到过贫苦生活给自己带来的折磨，现在自己事业有成了，总觉得不能让孩子再像自己从前那样受苦，所以千方百计给孩子最大的满足。

2. 有的妈妈本身从小生活在富裕的生活环境里，并且现在的条件要比过去好很多，所以就觉得孩子一定要过得比自己舒服才算是跟上了时代进步的步伐，才算是不委屈孩子。

3. 有的妈妈由于经常不在家，长期在外拼搏，无暇照顾孩子平时的生活，总觉得自己对孩子有亏欠，所以就容易在物质方面尽量满足孩子，甚至可以容忍孩子挥霍金钱。

任何东西如果给的太多了，人的感觉就会钝化，爱也是如此。妈妈对孩子如果爱得太多，那就是糊涂了。因为无论是什么原因导致溺爱心理的产生，最终都会导致孩子心理发展的障碍。

1. 被过度宠爱的孩子容易变得无情，只喜欢一味地索取，不懂得付出。

2. 被过度宠爱的孩子容易变得无能。如果妈妈帮助他做了很多本该属于他做的事情，过度的照顾让孩子的品德、智力甚至是身体发育停滞不前。妈妈可以给予孩子生命，但却无法担负孩子的一生，孩子迟早要独自面对他自己的事情。

3. 被过度宠爱的孩子基本上缺乏自强的精神，缺乏自立的能力，承受不了任何风风雨雨，心理的抗挫能力极差。有些孩子会在日常的生活中有一些具体表现，比如缺乏自我控制能力，行为怪异；不能控制饮食；在活动中不守秩序，如果别人不按照自己希望的方式就会大吵大闹；很少为别人考虑；不能与别人一起分享成果。

4. 被过度宠爱的孩子会表现得很难适应社会，因为过分娇宠的孩子容易自私、任性、放肆、骄傲、易发脾气、不遵守规则、没有公德等。这样的孩子一旦走上社会，往往高不成低不就，大事做不来，小事不肯做，注定要失败。

在当今我国的独生子女身上，过度宠爱、娇生惯养的危害体现得淋漓尽致，而西方国家的孩子相对来说就独立很多，所以，我们的妈妈可以向外国先进的育子智慧学习。在美国，无论家长是高官还是富豪，从来都不给子女零花钱。而子女的零花钱大多是通过课余或假期的打工中"按劳取酬"获得的。不仅如此，当子女成长到了18岁的时候，他们就再也不会在经济方面依赖自己的父母，而是必须要自食其力。而这些美国孩子也把长大了还向父母伸手要钱视为是一种耻辱，自觉地凭劳动和智慧来挣钱料理自己的生活。总之，要想孩子独立，就要从小培养他的独立意识，不能娇生惯养、过度溺爱！

妈妈爱孩子，这是人之常情大家都理解，但是千万不要"过度"。爱孩子不能只用感情，爱孩子需要用智慧，教育孩子时坚持"要宠不要惯"的原则才是最好的方法。

被孩子接受的爱才是孩子幸福的源泉

漂亮机灵的梅子是妈妈的心肝宝贝，妈妈把家里所有的好吃的都留给她吃，给她穿最好看的公主裙，给她比同龄小朋友更多的零花钱，但是，渐渐长大的梅子越来越不喜欢妈妈给的东西，例如她不喜欢吃妈妈给她买的巧克力蛋糕，不喜欢妈妈经常要她穿的泡泡裙，不喜欢妈妈因为害怕她受伤而不让她和小朋友去玩游戏……梅子向妈妈抱怨了很多次，但是都没有效果，妈妈依然按照自己的意愿给梅子这些她不喜欢的东西，久而久之，梅子开始讨厌妈妈，她不再喜欢笑了，也不再对妈妈给的东西感兴趣，她甚至觉得妈妈不像以前那么爱她了。

梅子妈妈无疑是非常爱她的，爱孩子是每一个妈妈的本能反应，但是有爱不代表就能让孩子感到快乐，不代表孩子就能感受到生活的幸福。妈妈的爱，只有被孩子接受了才能让孩子感到幸福。

既然爱要以孩子的接受为标准，那平常就应该多思考：孩子想要的到底是什么？怎么表达爱，孩子才更容易接受和理解？生活中总是有些妈妈，宁可自己省吃俭用，也要让孩子在物质上应有尽有，但在精神上经常忽略孩子的需求，对孩子的情感和人格缺乏应有的尊重，这样也很难让孩子体会到妈妈无私的爱。所以作为孩子的妈妈应该尽可能多地和孩子在一起。每个孩子都需要从妈妈那里得到足够的重视。在每天工作之余，妈妈要腾出一些时间参加孩子的游戏，和孩子一起读书，为孩子提供接触外界的机会，学会倾听孩子的心声。与孩子谈话也为妈妈提供了一次了解和教导孩子的机会。这样，妈妈就能够在第一时间知道孩子到底需要什么，怎样的爱他们才能接受。

在生活中能感受到妈妈爱的孩子才能被幸福的阳光照耀。但是不接受妈妈的爱，拒绝去关爱她们的冷漠的孩子不会被幸福垂青。

冷漠的孩子内心总是寒冷的，也许他得不到妈妈的关心，也许是不接受妈妈的关爱，也许是接受不了妈妈关爱的方式。他们总是在寒冷中挣扎，感受不到温暖，也感受不到生活的幸福。那么，我们应该怎样才能让孩子冷漠的心感受到温暖，感受幸福呢？

这说难不难，说简单也不简单。面对生活中日渐冷漠的孩子，想让他们感觉到爱的幸福，要一步步融化孩子的冷漠。

第一点，改变冷漠就要让孩子从身边的小事开始，比如，每天多问候一声爸爸妈妈，多给朋友一个微笑，多为集体做一件好事，多看一眼今天明媚的阳光等。这样做，可使孩子得到爱与热情所带来的充实和快乐。

第二点，带领孩子到生活中去感受"热心"的暖流。书画家为拯救灾民的义卖书画活动；社会各界为"希望工程"的捐助活动；为美化校园，每人献上一束花的活动……应创造条件、提供机会，让孩子去感受这些活动。

第三点，就是强化孩子的"热心"行为。当孩子扶起倒在地上的自行车，当孩子给上坡的三轮车助上一把力，当孩子把自己的新书送给贫困地区的同学，当孩子为正在口渴的奶奶送上一杯茶……当孩子出现这些"热心"行为时，妈妈应及时地给予表扬、鼓励。这样，在强化孩子热心行为的同时，就抑制了"冷漠"心态的滋生。著名的女作家刘继荣在这方面做得很棒，她每个周末就会带着孩子去广场上帮助有困难的人，时间久了孩子就养成了一种习惯，每当别人遇到困难的时候，他就会主动去关心。在别人痛苦消失中孩子得到了幸福的微笑。

最后一点，是训练孩子的"同理心"。所谓同理心，是指能站在他人的立场，从他人的角度去思考问题，去体验情感。亦即能设身处地想他人之所想，急他人之所急，乐他人之所乐。例如，可以开展"假如我是……"的角色换位活动，使孩子理解、体验假想角色的内心感受，改变原来的冷漠态度。一位下岗职工的孩子正是通过"假如我是下岗的妈妈"的角色换位活动，体验到妈妈的烦恼，认识到妈妈的不容易，从此改变了原来的做法，与妈妈的心贴得更近了。

经过这样的训练，孩子逐渐能体谅妈妈的爱，同时还学会了去帮助别人。渐渐冷漠就会离他远去。不冷漠的孩子才能深切感受爱的含义，更容易沐浴爱的幸福的阳光。另外，妈妈要想孩子更多地去享受生活的幸福，还应该让他明白：人活着不只是为了享乐，人存在的最大价值在于被他人需要。当孩子感到被需要的时候，这种感情就会使他有旺盛的精力。这股力量会促使他不惧怕面前的困难和挫折，勇往直前。被别人需要，是人的一种天性，也能体现出一个人的价值。在某些特定情况下，一个人如果不被别人需要，生存也就失去了意义。

幸福并非是一颗美丽、难以寻觅的巨大宝石，无论孩子付出怎样的努力也无法找到它；只要妈妈的爱能让孩子接受，融化他那颗冷漠的心，同时还能感觉到他自己被人需要的价值，内心就会充盈，幸福就会不自觉溢出。

爱是合理的给和合理的不给

毛毛是家里的独子，自从出生下来就集万千宠爱于一身，爸爸妈妈、爷爷奶奶、外公外婆、叔叔姑姑、人人都对他疼爱有加，有求必应，只要他眼里流露出对某样东西的好奇或是喜欢，家长马上就把这个东西送到他手上，这就养成了毛毛要什么就必须得到什么的习惯。冬天的一个晚上，妈妈带着3岁的毛毛去朋友家串门。回家的路上毛毛突然发现一直攥在手里的一块糖果不见了。那块糖果是妈妈的朋友给的，他家没有这样的糖果。毛毛着急得哭了起来。爷爷奶奶、爸爸妈妈都来安慰他，并承诺第二天给他买他最喜欢的玩具。但毛毛没有妥协：我要！我要！我一定要！！

毛毛打着滚哭闹，爷爷奶奶、爸爸妈妈看着实在心疼，便带上照明工具倾巢而出，沿着回来的路拉网式的搜寻，眼看午夜12点了，糖果还没有找到，妈妈看着因绝望而死去活来的孩子，终于硬着头皮敲响了朋友家的门，把已经睡着的朋友一家人吵醒找那块糖果。

经历小小的失望就歇斯底里，预兆着未来灾难的来临。毛毛长大了，想找一个女朋友，但他喜欢的女孩根本看不上他。他不再打滚哭闹，而是拿起一把刀子割破了自己的手腕。医院里，毛毛被抢救过来，但是他又开始绝食。父母哭着对她说："你想把我们急死？不就是一个女孩吗？人生的路还长着呢，好女孩多得是。"但他恨恨地说："我就要她！要她！一定要她！！"

　　独生子女最大的问题，就是得到过多不合理的爱的问题。他们一切合理的不合理的要求都得到满足，并且没有兄弟姐妹来分享，这样的成长经历让他们养成无限制索要的习惯，并且觉得父母就应该也能够满足自己的需要，这是天经地义的事情，不用感恩也不用怀疑。也许在孩子小的时候，父母觉得满足小孩的要求不是件难事，只要孩子开心就好，但是，没有一个家长能满足孩子一生的所有需要，当你的孩子欲求未满时，当你没有能力给予他时，孩子会怎么样？上述事件中因为追不到女孩而割腕的毛毛是对所有不理智满足孩子需要的家长的警醒。

　　父母对孩子过度的爱容易造就出一批自私、不懂感恩、心智不成熟、人格不健全的儿女，真正伟大的爱不是无限制的给予，而是合理地给的同时也有合理地不给，它是合理地安慰、鼓励、督促、给予，也是合理地争执、对立与批评。它是一方面尊重孩子生活的独立性，另一方面又给予孩子积极的引导。

　　因此，妈妈在教育孩子的时候，不要给予孩子过度的爱，不能溺爱和娇惯，要让孩子明白不是所有想要的东西都能到手；爸爸妈妈不是能帮你实现所有愿望的超人；如果家长满足了你的需求，要感谢他们的辛勤付出；干净的衣服、可口的食物、舒服的环境，这一切都不是理所当然的；好东西是应该与别人分享的。当孩子了解了这些事实后，他会迅速长大，懂得感恩、懂得分享、懂得控制。孩子生来是一张白纸，关键在于妈妈在上面写上什么样的思想情感。不要在白纸上填满色彩，也不要给予孩子太满的爱，凡事留点空间，才有更多的美感。

给予孩子爱，是所有妈妈的本性，不是件难事。正如美国心理学家斯考特·派克所说的，对孩子的溺爱和对宠物的爱有一致性，可以说是一种父性或母性的本能。它不需要努力，不需要经过意志抉择，并且对心灵的成长毫无帮助，所以不能算是真爱。虽然溺爱也能帮助建立亲密的人际关系，但要养育健康而心智成熟的子女，还需要更多的东西。所以，真爱不是只会给予的爱，而是合理地给予合理地不给的理智的爱。

虽然，这样做的妈妈经常会处于一种两难的困境当中，一方面要尊重所爱的人在生活和人格上的独立，一方面又要适时提供爱的引导。这种真爱复杂而艰巨，需要认真思考，需要不断创新。但是，为了孩子健康成长，妈妈多花点心力又有什么关系呢。

封闭的爱也是对孩子的伤害

文文是家里的独生女，从小娇生惯养，不用做任何事情，而且受到的是"这样不行"、"那样危险"的过度保护。一次，文文下楼跟小朋友玩，发生了小小的争执，文文被小朋友打了一拳后，妈妈再也不让她出门玩耍。"不要去跟那些小孩玩，他们是坏孩子！"上学后，妈妈也不让文文和同学交往，慢慢地，文文变得越来越孤僻和高傲，她总是拿自己和别人对比，总是觉得别人不如她，而一旦发现有人比她好时，她心里就极其不安，常常为此感到痛苦和焦虑。

生活中，有很多独生子女像文文一样，从小就在一个比较封闭的空间中生活，而一旦离开妈妈营造的幸福温暖的空间后，他们就容易心神不宁，焦虑不安，不知所措。医学上认为，这样的人，精神上就像一个外形完整的蛋壳，外表上个性极强，但内心空虚、脆弱，只要轻轻一捏，就成了碎片。因而，他们只要一离开妈妈的保护，就难以适应，接受挫折的能力差。

这也就是如今独生子女心理问题的主要来源之一。独生子女本来接触别人的机会就少，妈妈却没有意识到要多给孩子提供接触社会的条件。有的妈妈在孩子上幼儿园之前，把孩子交给爷爷、奶奶或保姆照看，他们又经常把孩子限制在屋子里，或者经常抱着孩子。不让孩子自由行动，使不少孩子没有经过必需的爬行阶段。这也不让孩子摸，那也不让孩子动，孩子虽减少了一些危险因素，却大大影响了孩子的身心发育和智能的发展。有个妈妈忙于工作，把孩子放在姥姥家，姥姥怕孩子出去学坏，就把孩子关在家里看电视、看书。孩子长大后性格特别孤僻、胆小退缩、好幻想、神经质，最后得了强迫性思维症。

有些妈妈虽然自己带孩子，却很少带孩子去户外游玩，不让孩子到别人家串门儿，结果孩子的性格变得胆小、内向、孤僻、不会和别人交往，甚至孩子一到陌生环境或见到生人就哭，到公园也不敢玩游乐设施。还有的家庭，爸爸基本不参与到孩子的生活中，孩子完全由妈妈一个人带，儿子和妈妈在一张床睡，和妈妈总黏在一起，感情上完全依赖妈妈，结果造成男性性格女性化。

除了不让孩子和社会接触，妈妈们还经常包办孩子的一切事物。什么家务也不让孩子做，更不让参加社会活动。有个 5 年级的小学生，妈妈除了让他学习和练琴之外，什么也不让他做，包括看电视、游戏、运动、交往、家务，等等。孩子学习成绩很好，小提琴考到 8 级，但因压力过大、生活过于单调而患了精神分裂症。这就是因为过度封闭而单调的生活，致使孩子的动手能力、独立解决问题的能力、社会适应能力都很差，责任心、自信心都不强。

另外，妈妈都希望自己的孩子越单纯越好，所以从小给孩子提供的教育方式、教育内容、生活环境是纯而又纯，甚至在价值观念上对孩子的教育都过于单纯。她们总是习惯于对孩子说教，给孩子现成的是非观，经常说孩子"你不应该这样，应该那样，你这样不对"，很少启发孩子自己思考，自己面对困难及解决问题。孩子对事物没有自己的判断力和价值观，经常陷入偏执的思想中。

有个初中生，不愿意住校，不愿意和同学交往。原因是她嫌同宿舍的同学吃饭会发出声音，咳嗽不捂嘴，睡觉前爱说话，等等。她家条件很好，单独一个房间，没有人打搅她，所以她认为在哪儿都应该那样，有人打搅她就觉得厌烦，无法忍受。她在班上一个朋友也没有，问她为什么不交朋友，她说："他们都不是好孩子，因为他们说话带脏字，妈妈说，讲脏话的孩子不是好孩子，所以我不能和他们玩。"

妈妈绝对没料想到自己对孩子的保护和教育，竟使得孩子变得如此孤僻和不合群，这个时候妈妈再来后悔，就迟了。

所以，不是越多的保护对孩子越好，不是越单纯的生活对孩子越有益，封闭的爱也是对孩子的伤害。

妈妈要知道，我们给孩子的教育、给孩子提供的生活环境过于单调的话，孩子就没有机会发展自己各方面的能力，就没有能力去应对将来复杂的生活。所以，该放手时就放手，该复杂时就复杂！

掌握向孩子表达爱的途径，不要忽视爱的表达

有关的研究表明，如果孩子在1岁的时候没有得到充足的爱，将来会或多或少表现出人格的缺陷。心理学家认为妈妈与孩子的关系具有绝对的依赖性，不仅在生理上需要得到妈妈的照料，同样在心理上渴求来自妈妈的爱。如果一个孩子在幼年的时期严重缺乏妈妈的关爱，在他成人之后就完全不知道如何给予他人关爱，甚至一生都会受其困扰。

有些妈妈感到疑惑，甚至并不认同这样的说法。天下的妈妈没有不是一心在为孩子着想的，哪有不爱孩子的妈妈？但是，很多妈妈不了解自己的孩子究竟需要的是什么样的爱。妈妈感到很头痛，孩子也感到很难受。

很多妈妈对孩子的关心可以说是到了无微不至的地步，甚至可以说是具有无私的奉献和牺牲精神。她们为了孩子能够更好地成长，省吃俭用，节衣缩食，把全部的财力和精力都奉献给了孩子，帮助孩子创造最好的物质条件和学习条件，只要是别的孩子有的，我的孩子也一定要有。这样对待孩子，能说是不爱孩子吗？结果，孩子的心理出现了障碍，与妈妈的隔阂反而越来越大了。于是很多妈妈不禁感叹："教育孩子可真难啊，我费了那样大的心血，可是他却这样对我！"

妈妈对孩子的爱，如果仅仅是物质上的奉献是远远不够的。妈妈对孩子的爱，还应该包括对孩子的尊重，亲子之间亲密、平

等的交流。有一个小学生在他的日记中就写道："我希望，妈妈能够经常对我笑，能在我睡觉之前和我说声晚安。"孩子是多么渴望与妈妈的感情交流啊。作为妈妈，不要总是觉得自己有多么的爱孩子，重要的是让孩子能更多地体验到妈妈对他的爱。很多妈妈都为了孩子付出了巨大的代价，但是她们的孩子却很难体验到妈妈的爱，使爱的质量大打折扣。

所以，妈妈不仅要会爱孩子，还要会向孩子表达爱。那么怎样正确地向孩子表达爱意呢？美国宾夕法尼亚大学莫尔学院一位博士认为：妈妈应该给自己准备一份自我检查表，经常对照检查。检查的内容有：

1. 告诉孩子"我爱你"。

2. 通过温和的触觉传达对孩子的爱意。

3. 关心孩子的行踪。

4. 让孩子明确什么是对，什么是错。

5. 对孩子每一个小小的进步表示认可。

6. 向孩子询问对父母是否有意见。

7. 耐心地回答孩子提出的各种问题。

8. 交给孩子一些工作，让他懂得承担责任。

9. 让孩子对自己有足够的信心。

10. 尊重孩子的人格。

这位博士在研究过程中，为妈妈总结出向孩子表达爱的 3 条途径：

第一，每天有固定的时间与孩子进行交流。可以是坐在地板上与孩子一起做游戏，可以是帮助孩子完成学习计划，可以是与孩子一起欣赏光盘。

第二，用和蔼的语言让孩子感觉到被认同。当孩子向妈妈表达一种感受的时候，妈妈应该是以同样的心情回应他。

第三，帮助孩子正确表达自己的情绪。妈妈可以限制孩子的行为，但是要让孩子充分地表达自己的情绪。交给他正确表达情绪的方法，并不是单纯靠哭闹就可以解决问题。

以上这些方法仅仅是表达爱意的几种方式，相信妈妈在与孩子的相处中，能够得知更多地向孩子表达爱意的途径。也许你某种方式的拥抱，让孩子笑得特别开心；也许你和孩子在一起玩的某个游戏，让孩子离你更近；也许你说的某一句话，让孩子可以乐上几天。这些都可以成为你今后向孩子表达爱的重要途径，其实，只要妈妈用点心，孩子就能更好地体会你的爱。

第三章
孩子成长需要一个幸福温暖的摇篮

人若没有一个好的家庭环境，就很难孕育一个正常的生命。给孩子一个幸福的家，让孩子在生理和心理两方面都健康地成长，成为一个身心和谐发育的人，这才是妈妈所能给孩子最丰厚的、一生享用不完的财富。

家庭温暖来自家人的呵护，而不是金钱的温度

一位妈妈下班回家，很晚了，很累并有点烦，她发现 5 岁的儿子靠在门旁等她。

"妈妈，我可以问你一个问题吗？"

"当然可以。"妈妈回答。

"您 1 小时可以赚多少钱？"

"你为什么问这个问题？"妈妈生气地说道。

"我只是想知道，请告诉我吧！"儿子哀求着。

"假如你一定要知道的话，我 1 小时能赚 20 美元。"

"喔！"儿子低着头这样回答，接着说："妈妈，可以借我 10 美元吗？"

妈妈发怒了："如果你问这问题只是要借钱去买玩具的话，给我回到你的房间并上床好好想想，为什么你会那么自私。我每天

长时间辛苦工作，没时间和你玩小孩子的游戏。"

儿子安静地回到自己的房间。约 1 小时后，妈妈平静下来了，她觉得对儿子太凶了。她走到儿子的房门并打开门，"你睡了吗，孩子？"她问道。

"妈妈，还没睡。"儿子回答。

"我想过了，我刚刚对你太凶了。"妈妈说着，"我将今天的闷气都爆发出来了。这是你要的 10 美元。"

儿子笑着坐了起来，"妈妈，谢谢你！"儿子叫着。接着儿子从枕头下拿出一些被弄皱了的钞票。

儿子慢慢地算着钱，最后看着妈妈，告诉她："妈妈，我现在有 20 美元了，我可以向你买 1 小时的时间吗？请你明天早一点回家，我想和你一起吃晚餐。"

从这个故事中，你是否看到了自己的影子？的确，就像故事中的妈妈一样，现在的妈妈们总是很忙，忙着不停地工作、加班、赚钱……从来没有停下来，陪孩子一起玩。大多妈妈本能地认为，挣钱满足孩子的物质需要就可以了，孩子不愁吃不愁穿，自然也就没有什么烦恼了。可是妈妈的这种想法错了！其实妈妈的爱才是孩子最需要的！家庭的温暖来自家人的爱，而不是来自家人的钱。

美国心理学家哈洛做了一个独特的婴猴实验：

哈洛把刚刚出生的婴猴从母猴所在的笼中取出，放到另一个装有两个人造母亲的笼子里。一个纯金属丝的人造母亲胸前安有一个奶瓶，另一个的表面包裹着柔软的布，但不安奶瓶。按理说，婴猴应该经常爬到安有奶瓶的金属丝妈妈的身上，然而结果却相反，婴猴只是在肚子饿要吃奶的时候才爬到金属丝妈妈身上，而大部分时间都爬到布妈妈身上。如果在布妈妈身上也安上奶瓶，那么婴猴就几乎不接触金属丝母亲了。如果在婴猴下地玩耍的时候，突然放入一个自动玩具，就会看到婴猴吓得马上逃到布妈妈身上。

这个实验推翻了人们传统思想中"有奶便是娘"的认知。从这个实验可以得知，婴猴对母猴的依恋主要不是食物，而是柔软、温暖的接触。推而广之，小孩子依恋母亲并不仅仅是为了喝奶，他更需要柔软而温暖的皮肤接触，小孩子只有在母亲温暖的怀抱里才能健康地成长。就像小猴子不喜欢只能提供食物的"金属妈妈"一样，孩子也不喜欢只能提供食物、金钱的"机械妈妈"，他更需要的是妈妈的爱。

"工作忙"、"加班"、"挣钱"、"为了以后更好生活"……这些都不能作为"不陪孩子"的借口。孩子需要的不是一台"赚钱机器"，而是妈妈的爱与理解。虽然说一个家庭的经济能力比较重要，但是只要爸爸、妈妈与孩子之间其乐融融，即使经济能力较差，大家也会共同努力来克服。而如果因为赚钱而影响到孩子的健康成长，那就太不值得了。妈妈们不要掉进繁忙的陷阱，也不要做赚钱的机器，钱是永远赚不完的，而孩子只能成长一次，错过了就后悔莫及了。千金难买陪孩子成长的过程，物质也换不来与孩子相处的天伦之乐，有些东西错过了，就是孩子和妈妈一辈子的遗憾。

富裕文明不是指标，适合孩子成长的家庭环境才是好环境

文明之家、小康之家、五好家庭，所有褒奖都只是一个称号，住在里面的人能和谐发展才是最有分量的奖赏。也许家长素质很高，但却把孩子管得太死；也许家长忙着赚钱而不负责任，放任孩子自由成长；也许家长在外面表现得彬彬有礼而在家凶神恶煞，对孩子性格造成消极影响。有这些家长的家庭环境，肯定不是适合孩子成长的好环境。那什么是适合孩子成长的家庭环境呢？首先要先了解一下家庭环境的类型，以便妈妈对号入座，进行反省。

根据对家庭教育现状的研究分析，把儿童成长的主要环境——家庭，划分为4种类型：力求完美型、圆梦补偿型、顺其自然型、绿色健康型。

顺其自然型的家庭：父母认为"小树长大自然直"，孩子的成长不用太操心，有幼儿园、有老师呢。对孩子比较放纵、迁就和娇惯。尽可能满足孩子的各种物质要求，与孩子沟通较少，对他们的成长比较放心。这类家长特别依赖老师对孩子的教育，认为教育只是老师的事情，自己的责任仅仅是给孩子解决衣食住行的问题。

力求完美型的家庭：父母认为儿童的成长是人生第一阶段，不能有一丝一毫的闪失，任何不符合儿童成长的因素都要严格控制，希望自己的孩子在人群中永远是最优秀的。父母的情绪处在高度紧张状态，对孩子要求过高，苛求孩子各方面完美，容不得

孩子犯错误。忽视儿童成长的阶段性和其特点。当孩子进步时会得到较高的奖励，但当孩子没达到父母的目标时，也会受到严厉的惩罚和指责。

圆梦补偿型的家庭：父母认为自己童年的理想没能实现是件遗憾的事。既然孩子是自己生命的延续，何不把自己的梦想寄托在孩子身上，无论如何，要帮助孩子把所走的路铺好。孩子的一切父母都要包办代替，把自己的意愿强加给孩子，让孩子时刻按照他们的理想去生活和学习，忽视孩子自身的天性和兴趣，用家长权威逼孩子去追求家长自己的梦想。

绿色健康型的家庭：父母认为儿童是人一生发展的关键阶段，他们的成长和发展有其自身的特点。父母要为孩子的成长打下坚实的基础，必须尊重孩子的天性，为孩子提供适宜的教育环境，为孩子终生可持续发展奠定基础。这类父母知道要教育好孩子必须从自己做起，深信"身教重于言教"，处处为孩子做榜样，并尊重孩子的发展特点、兴趣和需要。这类父母讲求科学的教育方法，经常与孩子沟通，善于发现孩子的进步，勇于向孩子学习。正确运用鼓励、欣赏、批评的方式，对孩子进行晓之以理、动之以情、持之以恒的教育。

显然，绿色健康型的家庭才是孩子成长的理想家庭环境，真正懂得爱孩子的妈妈，就应该为孩子构建这样的一种家庭环境。你可以从以下几个方面做起：

1. 给孩子童年的快乐

童年只有一次，童年的快乐是人一生中不可缺少的精神财富，要像珍惜孩子生命一样去珍惜孩子的快乐，这是儿童健康成长的基础。快乐的童年才能滋养出快乐有能量的孩子，请给孩子童年的快乐，这是儿童应有的权利。

2. 树立正确的孩子成长观

妈妈要了解自己孩子的成长与发展，给他们提供适宜的教育，不要盲目攀比，切忌用一把尺子衡量所有的孩子。因为每一个孩子都是唯一的，他们有鲜明的个性，有自身潜在的各种能力，在他们成长的过程中孩子表现出极为明显的个体差异，这些都是很正常的。任何虚荣攀比和不实事求是，都会影响孩子的健康成长。

3. 对待孩子的未来要理性

一味追求孩子"成龙成凤"，其结果可能恰恰相反——妈妈对儿童期望值越高，可能失望越大。正确的方式应该是理性地对待孩子，尊重他们的兴趣、尊重他们的选择、尊重他们的发展。人生之路十分漫长，孩子的成长是谁也代替不了的，妈妈应该相信孩子可以选择自己未来发展的道路。不要越俎代庖，更不能过高苛求孩子尽善尽美。

4. 实现孩子理想的发展

为了实现儿童理想的发展，每一个妈妈都要学会观察了解孩子的成长特点，掌握孩子的发展规律，为他们提供健康愉快的成长环境。妈妈是孩子最好的成长伙伴，要多给予他们亲情，多与他们沟通，常陪他们游戏，尽可能多地满足儿童精神上的需求，这些都是儿童理想发展的重要条件。相信孩子的能力，尊重他们的需要，引导他们发展是每个妈妈的责任。为了孩子更理想的发展，妈妈要学会与孩子共同成长。

幸福的家是送给孩子成长的最好礼物

有一对夫妻在接女儿放学回家途中，不知为什么就大吵起来，最后居然扬言要离婚。等争吵暂告一个段落，他们才意识到孩子还跟在后面。他们看到女儿拿着画板在画画，画面上有两个大人，他们表情愤怒，两个大人中间躺着一个小孩。

妈妈很好奇地问："地上怎么会有个小孩，他怎么了？"

"死了！"孩子说。

"他怎么会死了呢？"

女儿沉默了半晌，说："因为爸爸妈妈吵架、分手……"

女儿的话深深震撼了他们。原来，女儿看见班级中所谓的"单亲儿童"总是神情忧郁、落落寡合，她害怕像他们一样。看来，父母吵架、分手后，他们的孩子就好像被抛于旷野，会一点一点死亡。

小女孩在无意间用一幅画泄露她的心声，也让父母及早警觉：孩子在成长中最需要的就是安定、安心、安全的环境与父母完整的爱。当着孩子的面父母不要吵架，家庭成员之间关系不能紧张，要相互信任和体贴，以免给孩子带来精神上的苦闷。

几乎所有的孩子都渴望自己的爸爸、妈妈能够相亲相爱，希望自己的家充满和睦、友爱、温暖的气氛。而许多父母却时常忽略孩子的这点心理与要求。

良好的家庭气氛是孩子成长的重要依托，家庭气氛是两种环境关系的产物，它包括家庭物质环境和家庭心理环境。家庭的物质环境依每个家庭富有程度的不同而不同，每个父母都会尽最大的努力来满足孩子的物质需要。但是很多父母却会忽视为孩子营造一个良好的家庭心理环境。而实际上，家庭心理环境对孩子的影响远远大过家庭物质环境，一个贫穷的家庭里只要有家人间关切的爱和温馨的环境，孩子就会在幸福的笑声中快乐成长，而一个冷漠严肃的家庭即使富可敌国，也买不到孩子的开心快乐。

妈妈要想把孩子培养成为心地善良、感觉敏锐和能力强的人，家庭日常生活应该是和谐的、欢乐的、充满爱心的，这是首要的条件。要知道夫妻间的互相尊重与爱护是良好的家庭教育的基础，而幸福的家庭是送给孩子成长的最好礼物。

安徒生小时候是在丹麦一个叫奥塞登的小镇上度过的。他家境贫困，父亲只是个穷鞋匠，母亲是个洗衣妇，祖母有时还要去讨饭来补贴生活。他们的周围住着很多地主和贵族，因为富有，这些人便觉得自己高人一等，他们讨厌穷人，不允许自己家的孩子与安徒生一块儿玩耍。安徒生的童年孤独而落寞。

父亲担心这样的环境会对安徒生的成长不利，但是他从来没在孩子面前流露出自己的这种焦虑，反而轻松地跟安徒生说："孩子，爸爸来陪你玩吧！"父亲陪儿子做各种游戏，闲暇时还讲《一千零一夜》等古代阿拉伯故事给他听。虽然童年没有玩伴，但有了父亲的陪伴，安徒生的内心世界也充满了阳光和快乐。

所以，温馨的家庭环境是孩子健康成长的保证，童年时代的安徒生生活在良好的家庭氛围中，才培养出了自己的童话细胞，以及一颗善良、充满幻想的"童话"之心。

由此可见，父母之间的恩爱，和睦的家庭氛围能够为孩子的身心成长注入生机与活力，增加孩子对生活的信心与勇气。如果孩子在一个紧张压抑的家庭氛围中成长，会逐渐变得忧心忡忡、缺乏热情、性格内向，而在良好的家庭氛围的影响下，孩子一定可以健康、茁壮地成长。

对于孩子来说，与变形金刚、自行车、芭比娃娃比起来，一个幸福的家庭才是父母送给他的最好的礼物。世界上没有什么事情比爸爸妈妈相亲相爱更令孩子开心，所以，为了孩子能够健康成长，请拒绝争吵，为他们创造一个温馨的家庭环境。

幸福之家不能有"瘾君子"妈妈

　　凌宇的妈妈爱赌钱，以前是小玩小赌，现在不仅每天去赌，且赌额越来越大，凌宇和爸爸百般劝止，也不管用。她甚至变卖家产、向人借钱赌。其实凌宇的妈妈也知道自己错了，对不起家人，但不赌心里就难受，就像毒品上瘾那般不受控制，等输了钱，有些后悔，但每次她一想起下次可能会赢很多钱，便止不住陷了进去。

　　3年前，36岁的小吴因为应酬，约客户去酒吧玩。期间她喝了一瓶特殊的可乐，几分钟之后头发晕，过一会儿人又好像飘了起来，她立即兴奋无比。原来这瓶可乐掺了止咳药水，止咳药水里有一种成分和摇头丸一样，能起到兴奋、抗疲劳的作用。小吴本来认为这不是毒品，可是喝了几次之后，却怎么也戒不掉了。她整个人也变了，过去她是个好妻子，也是孩子的好妈妈，可现在她和家人之间的关系越来越淡漠了。

　　嘉强是两个孩子的妈妈，她的"酒龄"有10年了。由于她长年喝酒，不仅严重影响了事业，而且患上高血糖、脂肪肝，连脾气都变得暴躁和古怪了。她每次喝完酒都要和丈夫、两个孩子吵架，甚至有时候还发生肢体冲突。孩子一见到妈妈喝醉酒，就害怕得不得了。

　　赌博成瘾、毒瘾、酒瘾、网瘾……这形形色色的瘾既危害了当事人的身心健康，又严重影响了家庭和睦。"瘾君子"妈妈经常因为瘾发而脾气暴躁、难以自控而给家人和自己带来伤害，因此，使本来幸福的家变得四分五裂。

瘾已经成为医学、心理学、社会学等学科普遍关注的问题。所谓成瘾性，常常是人在心理和生理的某种尝试行为中产生了愉悦反应；这种反应的多次重复，就形成人对愉悦刺激补偿的渴求，渴求又带来刺激的不断强化，于是就形成了人对这种刺激的依赖。比如烟对人来说，是一种特定刺激物，人们发现抽烟可以使人产生欣快、愉悦和满足的感觉，于是一再抽它，从而形成了对烟的依赖。人不断重复这一行为，一定数量的香烟所带来的快感就降低了，这就需要增加抽烟的次数来获得相同的满足，于是就出现吸烟快感的强化。于是人的烟瘾就会越来越大，酒瘾、网瘾、毒瘾等，也是这个道理。

除了这些常见的瘾之外，生活中有一些在常人看来比较奇怪的瘾。比如那些工作狂，他们做起事情就无法停下来，除了必要的休息，几乎从不闲着。这是因为他们太过于追求完美，他们认为只有保证他们的地位和能力，才能获得心理的安全感。还有的人为了赢得赞许，就经常强迫自己做出一些行为以满足人们的期望。这种现象被称作"表演上瘾"。另外，还有饮食成瘾、性成瘾、购物成瘾等。

成瘾程度有高低之分，但是大多有危害之处。烟瘾伤害当事人的身体和家人的健康；酒瘾不仅伤身还伤和气；网瘾耽误了家人交流相处的时间；工作瘾带来家庭的冷漠；购物瘾大量伤害钱财；毒瘾则劳财害命，给予家庭和当事人自身摧毁性的伤害。

但是，凡事如同硬币的两面，往往都不是一概而论的。瘾也是如此，它除了这些消极的影响之外，还有一些积极的因素。比如发明成瘾、读书成瘾、爱诗成瘾，等等，这些瘾都是一些有益的瘾。

妈妈作为营造家庭氛围和养育孩子的核心人物，肩上负有重担，一旦成为"瘾君子"的话，幸福之家就岌岌可危了。而那些"瘾君子"妈妈，让家的温暖代替瘾营造的"世界"吧。

当家庭成员有瘾时，记住：一个温暖幸福的家庭环境，胜过万种良药。不妨来个家人总动员，相互帮助"瘾"君子从他的世界里走出来。平时多多关心"瘾"君子，多放一些与瘾有关的影视、广播、图片、实物，或者展开家庭讨论的方式，让成瘾者认识瘾的危害，纠正他的错误认知。

有时，虽然老习惯戒了，一段时间内情感需求并未告终，因此要用一种有益身心健康的新习惯来代替老习惯所产生的满足感，如当吸烟者想吸烟时，不妨让他吃些平时爱吃的零食，或者干脆拉着他去做运动、听音乐等。

事业型妈妈，不能把权力强迫心理带回家

一名老干部，曾经为新中国的建立立下不少功劳，抗美援朝时，他曾经是一个团长，他在战场上英勇作战，身先士卒，他的一只眼睛就是在战争中失去的。后来他退休了，回到了老家。他把家当成了战场。他将以前在军队的一些东西搬到家里，闲着的时候就和这些事物打交道，有事没事就对家人下命令，让他们按照自己的意愿去行事。他经常说："这是组织的命令，我是军人，即使退休了也要按照军人的标准做事情。你们是军人的妻子和儿女，所以对于我的任何命令只能服从，不能说'不'。"

他妻子性格比较懦弱，能够忍受他的倔脾气，但他的儿子和女儿则不同。儿子从小就很有主见，并且和父亲一样喜欢控制和影响别人。儿子大学毕业后，想自己创业。可老干部坚决不让，他坚持让儿子去军队当兵，并让人给他安排最低、最差、最没出息的岗位，他本来是想锻炼锻炼儿子，结果却使得儿子与他断绝了父子关系。他女儿本来想嫁给自己喜欢的人，可他为女儿"幸福"着想，坚决让他嫁给他曾经非常看中的一个属下，结果女儿嫁过去之后，生活一直不如意，整日以泪洗面。

本来好好的一个家，自从他回来之后，变得四分五裂了。

现如今，事业型的女人越来越多，她们都习惯于在职场上呼风唤雨，雷厉风行，往往也会像例文中的老干部一样，把这种权力强迫心理带回家中，对丈夫和孩子难免颐指气使，居高临下。妈妈不再是温柔善良的依托者；爸爸和妈妈之间不是互较高低，就是妈妈成为一家之主，独裁着所有家庭事务；孩子也没有机会向妈妈撒娇，要求妈妈的疼爱，因为妈妈并非慈眉善目，除了安排任务和视察工作，她没有多余的心思来疼爱孩子。长此以往，家庭里孕育不出温暖的气氛，如此冷漠的家庭自然不会有良好的亲子关系，当然，孩子的健康成长也会受到极大的影响。

其实，不仅仅孩子和家庭会受到妈妈权力强迫心理的危害，妈妈自己本身也会受到很大的影响。极端的权力强迫心理不但会扭曲人的健康心理，并且还会引起人生理上的一些疾病。这种现象在女性中比较常见。具有权力强迫心理的女性，大多经常感受到巨大的压迫感，身心疲惫，身体上出现一些症状，如肌肉酸痛、头痛、牙疼、皮肤敏感、月经失调、失眠、紧张、心情忧郁等。在人际交往这方面，她们经常遭遇冲突与不协调，但不得不以压抑或逃避来维持日常生活。所以，无论你是多么"伟大"的人，你在事业上多么成功，你还是一个妈妈，一个女人，不要把自己逼迫得太厉害，如此可怕的权力强迫心理，家庭和你自己都是经不起它的危害的。

事业型妈妈们要记住：工作中的规则是权力，其运作机制是竞争与合作、控制与征服。而家庭则完全不同。家应该以"珍惜"为主旋律，家庭成员之间相互理解、接纳、关爱。如果不明白工作与家的区别，将工作中惯用的权力心理带回家，必然会破坏家庭中的和谐关系。

家不是工作的延续，而是温暖的开始。当你忙完工作回到家中时，请卸掉工作中的装束和工作中的氛围，扮演好你的家庭角色。在家里，你是一个好妈妈，也许你在工作中有着"只处理事情，不理会感情"的磊落之风，可是，当你回到家中时，你所面对的事情已经不是工作，你不需要去处理事情，而需要去感受家的温暖，理解家人的付出，接受家人各自不同的性情。在家里，不谈工作，只谈琐事。不讲效率，只讲感情。不要冷漠，只要温暖。

中篇

育子秘诀

——如何雕刻孩子这块璞玉

第一章
早期教育成就孩子的一生

小孩子的智力水平和学习能力，往往被大人忽视了。到了学龄年纪再教育，其实已经迟了。错过了孩子智力发展最迅速以及学习最敏感的时期，用上九牛二虎之力也很难将孩子潜能开发到他原本可以达到的高度了。

教育真正重要的时期是无限接近零岁的时候

曾有一个专家做了一个实验，他把刚刚生下来且同样体重的小白鼠分成两组，一组放于较大、光线充足的空间，提供丰富的声响、有滚筒、滑梯等玩具，让小白鼠自由追逐玩耍；另一组小白鼠，则关于没有光线的笼子里，没有玩具、没有同伴，虽然提供同样的食物营养，不过经过19天的测试，智力的表现大相径庭。

结果显示，前一组小白鼠机敏灵活，人抓不住它们；后一组小白鼠，则呆滞迟缓，即使人去抓它们，也不知逃跑。抽样解剖发现，前一组小白鼠因常接受丰富的刺激，它们的大脑生出了许多突触发展出紧密的连接；而后一组小白鼠则因少受刺激，脑组织竟呈现萎缩状态，脑重量及体积也相对变小。

这个实验的结果，主要是用来印证早期教育的重要性，他认为在婴幼儿成长的过程中，一旦错过了生长发育期的发展，脑组织结构就会趋于定型，潜能发展也将受到限制，即使拥有优越的天赋，也无法获得良好的发展。

早期教育受到世界各国教育专家的认同，而早期教育应从多早开始进行呢？现在越来越多的教育家、科学家们提出了零岁教育的理念。著名生理学家巴甫洛夫有句名言："婴儿降生第三天开始教育就迟了两天。"日本儿童教育家井深大认为，过去的教育都是从孩子懂话的时候开始，但是这种教育已经迟了，因为在孩子会讲话之前，他就已经获得了比利用语言传授的知识更多的东西，因此，教育孩子的最好时机，既不是上幼儿园的时候，也不是3岁，真正重要的时期是无限接近零岁的时候。

另外，孩子婴幼儿阶段发展的特殊性也决定了早期教育从零岁开始的必要性。这些特殊性表现为：

1. 大脑发育的可塑性。大脑的可塑性是大脑对环境的潜在适应能力，是人类终身具有的特性。年龄越小，可塑性也越大。3岁前，尤其是出生的第一年，是大脑发育最迅速的时期，零岁时受到的外部刺激，将成为大脑发育的导向。早期形成的行为习惯将编织在神经网络之中，而将来若要改变已经形成的习惯却要困难很多。

2. 从幼儿的生理上看，两岁末大脑已基本具备了它的主要生理特征。7岁时已达成人脑重的90%。脑神经细胞的70%～80%是在3岁前形成的。因此，进行早期教育已有牢固的生理基础。

3. 研究表明，在大脑发育过程中，有一系列的关键发展期或敏感阶段，也称学习的关键期，虽然人类的学习关键期持续时间可从出生延续到青春前期，但人类最基本的情感、行为、技能的学习关键期却开始于出生之后、三岁之前。

4. 婴幼儿时期是智力发展的最佳时期，如果把 17 岁时所具有的普通智力水平看做百分之百，那么 4 岁时所获得的智力将达到 50%，头四年所获得的智力等于后 13 年的总和。因此，早期教育在发展幼儿智力上有着关键性的作用。

5. 婴儿一出生，他就要学会适应外界环境，呼吸、吃奶，以后还要逐步学习语言，认识事物，掌握各种动作，学会各种能力，等等，所以婴幼儿时期是一个人生活、心理发展最迅速的时期，一个人一生发展的基础往往是在婴幼儿时期奠定的。

孩子的这些特性，使 0 岁教育成为可能和必要。细心的家长只要观察孩子的表现，就会发现 0 ~ 3 岁孩子的学习能力特别强，如能及时进行教育，让孩子的潜能得到最大程度的发挥，孩子就会在起跑线上就拥有有利条件，自然他的发展就会更好。

也许有些人会质疑对那么小的孩子进行教育，让孩子的大脑吸收过多内容会不会对孩子有伤害？会不会给孩子带来太大压力？

其实，完全不用担心这些问题，因为人的潜能非常之大，心理学家有个研究，说一个人在生命结束时，他的脑细胞只用了 5%，科学家只用了 10%，这说明大脑实际上是一个装不满的知识仓库，不用担心早教会给孩子的大脑带来超重负荷。另外，婴幼儿都具有本能的自我保护能力。婴幼儿用脑不是外部压力起主导作用，而是他本能的好奇、兴趣、精神生活的追求决定的。外部的信息一旦超过他的负荷，或者枯燥乏味，他会立刻关闭"注意"的门户，从而把自己彻底保护起来。

早教不仅不会伤害孩子的大脑和身体，而且对孩子的身体发育是有利的。据资料讲，美国研究人员曾对 549 名天才儿童做了 37 项，2200 次的精密身体测量，结果显示这些儿童不仅在身高与体重上较优于常态儿童，而且在各种生理品质上也有此种趋势。例如，他们的肺活量、握力、臂部、腰部及肩部各种宽度都比常态儿童要好。

所以，科学的早期教育，不但不会伤害孩子的大脑，反而能促进大脑的发达和身体的健康。妈妈们可以放心大胆地对孩子进行早期教育，也许你也可以创造出一个天才！

儿童的潜能存在着递减法则

"哈佛女孩"刘亦婷的母亲刘卫华坚持早期教育，使女儿的记忆能力明显超过了常规孩子。以"认生"——婴儿第一次表现出记忆能力——为例，刘亦婷3个月大就开始认生，比平均水平提早6个月，6个半月就出现了"理解记忆"（即明白词汇与物体的关系），而50%的婴儿则是在10个月大时出现的。当她长到1岁1个月时，记忆力的发展又出现一个飞跃。在记忆方式上，她已不再仅仅依靠人类3岁以前所特有的"模式记忆"，而是提前萌发了3岁之后才有的"分解记忆"能力。在女儿满1岁半时，妈妈就试着教她背唐诗。刚开始是两个字一段地教她，没过几天，女儿就可以流利地背诵朝辞、白帝、彩云……虽说她并不懂诗的含义，但唱歌一样的朗诵，却能使她感悟到诗歌韵律的美妙。自那以后，婷婷的学习热情一直很高，姥姥教她背了一首诗："雄鸡一唱天下白，千家万户把门开……"在从工厂的路南区到路北区的路上，她看见一只公鸡就把诗背了一遍。

经过妈妈的不懈努力，对女儿的教育也结下了满意的果实。刘亦婷聪慧过人，成绩优异，轻松考入哈佛大学。

成功专家罗宾曾说："每个人身上都蕴藏着一份特殊的才能。那份才能犹如一位熟睡的巨人，等待着我们去唤醒他。"事实上确实如此，每一个孩子身上或多或少都有一些将来可以成就大器的潜质。不仅那些反应敏捷、聪明伶俐的孩子是这样，即便是那些相对木讷，甚至看起来有些愚钝的孩子也有这样的潜质。一旦有人将他们的潜质打开，凭借这种热忱的力量，原先人们在他们身上看到的那种"愚钝"也会慢慢消失。

而儿童虽然具备潜在能力，但这种潜在能力不是一成不变的，而是遵循一定的规则在变化。杰出的日本儿童教育家木村久一总结出儿童潜能的递减规律：比如说生来具备 100 度潜能力的儿童，如果从一生下来就给他进行理想的教育，那么就可能成为一个具备 100 度能力的成人。如果从 5 岁开始教育，即便是教育得非常出色，那也只能成为具备 80 度能力的成人。而如果从 10 岁开始教育的话，教育得再好，也只能达到具备 60 度能力的成人。这就是说，教育开始得越晚，儿童的能力实现就越少。

根据儿童潜能的递减法则，儿童智力发展的这个最佳期非常关键，它对人一生的智力发展都起着决定性作用，妈妈们千万不要错过。妈妈教育孩子的第一要旨就是要杜绝这种递减。而且由于这种递减是因为未能给孩子发展其潜在能力的机会致使潜能枯死所造成的，因此，教育孩子的最重要之点就在于要不失时机地给孩子以发展其能力的机会，也就是说要让孩子尽早发挥其能力。

我们都知道，有可能长到 30 米高的橡树，实际上很少有长到 30 米的，这是由于生长环境的影响。如果橡树阳光、水肥充足，再加上精心培育，就可能长到 18 ～ 21 米，甚至更高可达 24 ～ 27 米。但一般橡树只能长到 12 ～ 15 米，要是环境不理想，就只能长到 6 ～ 9 米。同样的道理，具有 100 度潜能的孩子，如果放任不管，就只能成为具有 20 度或 30 度能力的人。也就是说，他的潜能只发挥出了一小部分。但如果对他进行适当的教育，他的能力就可以达到 60 度、70 度，甚至是 80 度。也就是说通过教育，就可把他的潜能大部分发挥出来。

那些"神童"也好，早慧儿也好，只不过是他们的妈妈从小对他们进行了科学的早期教育，使他们的各种潜能得到了充分地开发，使潜质转化为了强大的学习能力，自然在后续教育中就占有极大的优势，总是跑在同龄人的前面。

格莱斯顿也说过："最有意义的事情莫过于把一个孩子内心潜藏的热忱激发出来。"每个孩子都有自己的闪光点，作为妈妈，要做到认清自己的孩子，了解孩子的长处和短处，挖掘孩子的潜能，因材施教，扬长避短，每个孩子都能成材。

所以，妈妈要努力发现自己孩子的与众不同之处，相信孩子的潜能，及早对孩子的综合潜能进行正确地评估，及早开发，将对孩子的健康成长大有裨益。

家庭早教不应该是纯粹游戏式的，还是要有适当的强制性

有些妈妈认为，家庭教育不应该制度化、有强制性，这是欠妥的。实际上孩子是最喜欢制度化的。

早期孩子的智力教育不在于获取知识的多少，而在于发展孩子的思考能力，培养孩子的思考习惯，尽管获取知识也许是一种结果，但却绝非是目的。而且还要让孩子们喜欢学习，善于学习，这样他们会越学越感到乐趣无穷，而孩子们认识的内驱力愈强大，

钻研愈深，探究倾向愈强烈，孩子的智力发展就越好！

在进行早期智力教育时，关于是应该实施单纯的游戏式教育，还是要有适当的强制性，这个问题也一直颇有争论。

由于早期的智力教育不仅仅是单纯的知识教育，它还是让孩子的大脑开窍的训练，而让大脑开窍是一个不断地让孩子思维深入的过程，因此早期智力教育存在着一个系统化的问题，它不是随心所欲地进行的。又由于孩子的智力教育不能离开知识的学习过程，因此智力教育有它本身的规范性，这也决定了这种教育需要适当的强制性。

但是，一方面因为现在不少妈妈不懂教育原理，一味地进行蛮干。陀螺明明没有转起来，她们却拼命地用鞭子抽，越是没有转起来越抽得厉害，幻想能够用这种方法让陀螺转起来，而没有想到自己应该蹲下来，将鞭子绕在陀螺上，然后抽好这第一鞭；另一方面，人们似乎认为对于孩子只有在玩中学，随孩子的意志才是对的，对孩子的任何规定都被误认为是剥夺、制了孩子的天性，所以长期以来对智力教育的强制性批评也甚多。

其实，孩子学习效果的好坏，不完全取决于游戏形式的本身，而取决于学习内容和方式是否能对孩子产生强大的吸引力。品德教育、习惯教育也都带有适当的强制性，所以可以说没有适当的强制性就没有教育，对孩子可能更是如此。

纵观历史上的很多天才，小时候都受到家庭严格的训练。比如莫扎特练琴极为辛苦，一年365天，几乎天天都要坚持；爱因斯坦5岁时被母亲逼着学小提琴，他曾极度反抗，但是后来却是一位极爱音乐的大科学家。文中所说的严格绝不是怂恿对孩子进行专制，而是在学习过程中难免有要求严格的时候，这时妈妈们应该因势利导。几乎所有接受早期智力教育的杰出人物，由于妈妈们对要求的领域的熟悉，从而才能引导孩子不断前进。而那种不是行家却爱瞎指挥的"严格"，在家庭教育中应该避免，否则孩子不仅不能取得成绩，相反性格还会遭受扭曲。

在早期智力教育中，妈妈们应该吸收学校教育的长处，定时、定量、定人、定地点，把这种教育制度化，这样孩子是会很好适应的。

至于智力教育的内容，应该以教孩子识字、阅读为主。因为这不仅是每一个人都要掌握的，而且这还是最符合孩子心理发展的。

所以，妈妈们在对孩子进行早期的智力教育时，不能纯粹的游戏式，还应该有适当的强制性，这样效果才更好。

早期智力教育不等于知识教育

斯托夫人这样描述她对孩子的早期教育：我从训练五官开始对女儿教育，首先使她学会使用耳、目、口、鼻等，首先应该发掘耳朵的听力。因为对婴幼儿来说，最重要的是听到母亲轻柔悦耳的歌声，可我感到为难的是自己不会歌唱，因此就对孩子朗读诗歌，我朗诵的是《艾丽依斯》，这是威吉尔的诗，结果发现效果很好。在我轻轻地朗读时，小维尼雷特很快安静下来，听着听着就睡着了。这个方法我后来在别的孩子身上试验过多次，效果都很好。有时候摇篮曲并不能够催婴儿入睡，可是《艾丽依斯》屡试不爽。因此，在我看来这部出色的叙事诗同时也是一首了不起的摇篮曲。

斯托夫人热爱音乐，而且天才地把颜色和音乐联系在一起，开发小维尼的感官功能。她给七音分别标以不同颜色，在墙壁上用三棱镜制造出美丽的虹光，教授她弹奏乐器。小维尼长大后10来岁自己可以写曲，自娱自乐，陶冶情操。为了使孩子辨认节奏，她还教小维尼和着诗歌的音节舞蹈。舞蹈可以塑型强身，同时也增强了小维尼对于文学和音乐的通感才能。

维尼雷特还有各种各样的小球和木片，这些玩具五颜六色，很适宜孩子玩耍，她的布娃娃都穿着色彩鲜艳的服装。斯托夫人就是借用这些玩具尽力发展她女儿的色彩感觉。

蜡笔也是不可缺少的工具。斯托夫人经常和女儿做一种"颜色竞赛"游戏。游戏一般是这样进行的：她先在一张大纸上用红色蜡笔画一条3厘米左右的线，然后让女儿用蜡笔平行画出一条同样的红色线，接着她用蜡笔在自己的红色线之后接上一条青色线，再让女儿模仿自己用青色蜡笔画出一条线，游戏就这样进行下去。要是女儿没有用和自己线条相同颜色的蜡笔，女儿就输了，游戏就中止。

斯托夫人对女儿进行训练，没有任何勉强的成分。因为她知道孩子的天性，她的目的是要使孩子的潜能得以发挥。她进行各种引导，就是为了不使女儿的某种潜在素质被埋没。与此同时，孩子在这样的教育之中，总会有事可干，不会因为闲得无事犯常见的毛病，比如咬手指头、哭叫。

以上感官的开发使小维尼在学习知识前已蓄势待发，在正式开始学习语言和其他知识时，便如鱼得水。

斯托夫人的女儿3岁就开始写诗歌和散文，4岁能用世界语创作剧本，到了5岁，她的诗歌和散文开始发表在各种报刊中，并且已能够熟练地运用8个国家的语言。不仅如此，她女儿在其他方面，比如数学、物理、体育、品质等也都明显比其他的孩子优秀。这一切成就，有斯托夫人早期教育的很大功劳。

斯托夫人对孩子进行的早期教育涉及了很多方面，但是就是没有在知识教育上下工夫，因为她知道，早期智力教育并不是知识教育。早期教育应注重开发多元智能，本着兴趣、需要的原则对孩子实施启蒙教育，应创造适当条件使幼儿的各项潜能得到最大限度的发挥，为培养孩子体格健康、智力发达、品质和个性良好打基础。

卡尔·威特认为，从出生到 3 岁之前，孩子的大脑对事物的记忆不是对其特征进行了分析之后才记住的，而是在反复的观察中，将整个事物印象原封不动地作了一个"模式"印进了大脑之中。在最初，他的大脑还处在一个白纸状态，无法像成人那样进行分析和判断，因此，可以说他具有一种不需要理解或领会的吸收能力。如果不把你认为正确的模式，经常地、生动地反复灌入幼儿尚未具备自主分辨好坏能力的大脑的话，他也会毫无区别地大量吸收坏的东西，从而形成人的素质。所以，早期教育最主要的不是给孩子灌输知识，应该根据婴幼儿的心理发展规律和年龄性，把重点放在发展小儿的智力和个性品质培养上。因此，婴幼儿时期的早教内容应是以下几方面：

1. 促进孩子语言和思维的发展

科学研究证实，婴幼儿 1 岁半左右是学习语言的最佳时期。此时，小儿学说话最容易而且学得快，故应及早与孩子说话，不断与小儿进行语言交往，可以诱导、启发和促进孩子的语言发展。

2. 锻炼孩子的感知觉

婴幼儿感知觉器官的功能，需有相当的刺激输入和锻炼，才能得以发展。妈妈可以向斯托夫人学习对孩子的感官功能的培养方法，利用声音、语言玩具、实物等刺激其听、视、触、嗅觉等，促使他们在看、听、闻、摸、尝的过程中，获得各种印象，让孩子对客观世界有正确的初步认识，这对婴幼儿智力发展有着重要意义。

3.呵护孩子的好奇心

婴幼儿时期的孩子，对周围的一切都感到新奇，妈妈应珍惜孩子的这种求知欲望，一定要耐心而热情地倾听，认真简要而正确地回答小儿提出的每一个问题，从而满足他们的要求。

4.对孩子进行正确的价值观传输

小孩子不会分辨大人对她说的话是好是坏，他只会照单全收、不加筛选地进行记忆，所以，妈妈一定要注意对孩子的思想教育，要经常将真善美的品德告诉他，虽然他不懂其中的意思，但他在记忆中会慢慢形成这样的价值观，这对孩子的一生有着良好的意义。

音乐是启迪儿童智慧的"心灵体操"

大家都知道，爱因斯坦是一位伟大的科学家，而不知道他还是一位出色的小提琴家。但是，爱因斯坦之所以能对人类科学作出巨大贡献，与他学习小提琴有着密切的关系。因为音乐无处不在的张力能使人的想象力和理解力发挥到极致。

母亲的音乐熏陶开启了爱因斯坦的智慧之门，爱因斯坦的母亲是一位很有修养的女性，她爱好音乐，在钢琴和小提琴上都有很深的造诣。她是爱因斯坦的小提琴老师，也是他的音乐启蒙老师。6岁时，爱因斯坦学拉小提琴，他的妹妹玛雅学钢琴。稍后，爱因斯坦也学习弹钢琴。随着时光的流逝,爱因斯坦对音乐渐渐入迷。7年之后,当他懂得了和声学和曲式学的数学结构,当他体会到演奏莫扎特作品的技巧和奥妙时,琴弦和心弦一起共鸣了,他一生中的科学和艺术生涯也开始了。

母亲的音乐教育不但开启了爱因斯坦的音乐之门,给了孩子一个多彩的童年,也为他开启了一个智慧之门。爱因斯坦是伟大的,他的母亲也是伟大的,她母亲的伟大就在于用适当的方式对爱因斯坦进行早期智力的开发,并为爱因斯坦的成功奠定了根基。

一位哲学家曾经说过:"音乐往往能够造就出天才。"当然,他所说的天才已经超出了音乐的范畴。但值得肯定的是,音乐可以改变一个孩子的气质,因为孩子在接受音乐教育中不仅为他成为音乐家提供了可能,也为其他方面的发展创造了极佳的条件。

孩子与音乐似乎天生就有不解之缘,而音乐又是启迪儿童智慧的"心灵体操"。聪明的妈妈可以充分挖掘和启发孩子与音乐的"缘分",使他在音乐艺术美的熏陶中,获得一生受用不尽的财富。

音乐是表情达意的艺术,孩子恰恰具有喜形于色、感情外露的特点,他们很难用言语表达他们内心的情感和体验,而音乐中强烈的情绪对比、鲜明的感情描写正抒发了孩子的内心感受,所以孩子发自内心地喜欢音乐,以至于常常情不自禁地随着音乐手舞足蹈。

天真活泼的孩子对音乐天然的热爱和向往让我们确立了这样的信念:每个孩子都需要音乐,每个孩子都有接受音乐文化的愿望和要求。音乐的启蒙就是满足并激发孩子对音乐的兴趣,发现和培养孩子的音乐才能。孩子需要音乐,那么音乐对于孩子的生活和成长又有什么意义呢?

一直以来科学家们不断研究音乐，认为它是一种心智"体操"，像玩乐器、练唱、听音乐等可增强身体协调力，对时间的敏感、专注的能力、记忆的技巧、视觉听觉的发展以及对压力的控制都有帮助。音乐与右脑有关，而右脑掌管情绪与感觉，所以玩乐器、唱歌、听音乐有助于宣泄情绪。当我们听到好听的音乐，情不自禁就会手舞足蹈，这是因为音乐刺激了我们的脑神经，使我们活跃起来。日本著名的音乐家和教育家铃木镇一，在自己的教育法著作《早期教育与能力培养》一书中特别强调了兴趣对于孩子的重要性。他提倡用音乐开启孩子"天才教育"的大门，曾轰动了全世界，而且他用实践证明了才能不是天生的，任何一个孩子，只要教育得当就能成功。

音乐对心智发展的积极效果，从很多实践中都可以看出来。实验证明音乐会刺激新生儿的活动。美国耶鲁大学小儿科仙思教授的一项研究指出，接受有规律的音乐刺激的新生儿，他们的智商比未接受刺激的高出 27 ~ 30 点。

在生活中，只要运用恰当的方法，在恰当的时间引起孩子的注意，一定会让孩子为了快乐而欣赏音乐。培养孩子去欣赏音乐，能懂得欣赏音乐的人是幸福的。但是妈妈该如何让孩子跟音乐进一步接触呢？

1. 要为孩子创造一个音乐环境：随着人们生活水平的提高，现代化的视听设备逐渐进入了家庭生活，这为培养孩子的音乐素质，提供了物质条件。妈妈可以充分利用音响、卡拉 OK 机和电视机，对孩子进行音乐教育，此外妈妈还可以带孩子参加一些音乐会、文艺晚会，或者利用茶余饭后的空闲时间，让孩子表演一些音乐节目，也可以亲自为孩子演唱、演奏一些音乐节目。孩子稍大一点，妈妈还可买一些乐器，让孩子学习演奏。

2. 培养孩子在音乐伴奏下做动作、跳舞：在音乐伴奏下做动作或跳舞，可以发展孩子的节奏感，陶冶性情。妈妈可以教孩子按音乐节拍、速度和情绪做动作，通过运动神经去感知和表现音乐艺术美。

3. 教孩子唱歌：妈妈教孩子唱歌，应当从教歌谣开始。让孩子从掌握语言的韵律节奏，逐步过渡到掌握音乐的韵律节奏。

总而言之，就像诗人歌德曾说过的那样："为了不失去神给予我们对美的感觉，必须天天听点音乐……"因此，让孩子接触音乐是很重要的。虽然不能让每个孩子都成为音乐家，但至少可以培养孩子的气质，也丰富了他们的艺术生活。

天才是天生的，更是要培养的

爱因斯坦小时候，智力发育的水平看上去不如一个普通同学，诺贝尔奖的获得者也未必都像是居里夫人那样聪颖早慧。孩子的天分是妈妈无法决定的，但是人脑的复杂性和多用性远远超过任何一台电脑，关键在于妈妈如何来挖掘。

经过研究，我们发现，天才的秘密就是智力潜能比一般人开发得多一些早一些而已。所有天才的诞生都源于为他们的幼年生活安排了丰富多彩的环境，并获得了较好的心灵阳光。莫扎特出生在一个音乐世家，很小的时候就听他父亲演奏音乐，在他的周围有许多乐器。他5岁时就拉小提琴并为小提琴作曲，8岁时谱写了他第一部交响音乐。那么，怎样使用环境法开发孩子的潜能呢？如何为孩子的心灵生活布置充足的阳光，培植健康的情感世界，让孩子始终有个好心情？

也许我们都有这样的经验，在镜子前对自己笑一笑，心情马上就会变为愉快轻松。对于大脑的潜能开发也一样，如果能不断输入积极的意识，让意识通过下意识对大脑提出要求，潜意识就会调动体内的潜能发挥作用。比如有一道题苦思冥想都没有做出来，在睡前将有关的条件、信息输入大脑，第二天早上起来，说不准答案就出来了。

1960 年，哈佛大学的罗森塔尔博士曾在加州一所学校中做过一个著名的实验。新学年开始了，他让校长把 3 位老师叫进办公室，对他们说："根据过去 3 年来的教学表现，你们是本校最好的老师。为了奖励你们，今年我们特别挑选了 3 班全校最聪明的学生给你们教。这批学生的智商比同龄人都要高，希望你们能有更好的成绩。"

老师们表现出掩饰不住的喜悦，临出门时，校长又叮嘱他们："要像平常一样教他们，不要让孩子或者妈妈知道他们是被特意挑选出来的。"

一年之后，这 3 班的学生成绩是整个学区中最优秀的，比平均分数高出两三成。这时候，校长才告诉老师们真相，这些学生并不是刻意选出来的，而只是随机抽选出来的普通学生。3 位老师万万没有想到事情是会这样的，只有归功于自己教得好而已。而校长又告诉他们，其实他们也是随机抽选出来的。

这就是因为暗示发挥了重要作用，这三位老师觉得自己很优秀，充满了自信与自豪，工作中自然就格外卖力，学生知道自己是个好学生，肯定会努力学好，结果就真的全部优秀起来了。

所以，妈妈在开发孩子智能的时候，要给予孩子积极的暗示，不断给他输入积极的意识，才能激发出孩子的正面能量。尤其是越小的孩子，他越需要妈妈的鼓励和认同，需要妈妈的信心来转变为自己的自信。

爱因斯坦既是一个思想家，也是一个科学家，同时还是一个脑袋里充满符号和公式的数学家，是个左脑发达、逻辑思维极强的人。但是，爱因斯坦的思想，首先来自于图像和形象，以后把它们翻译成词句和数学符号。他创立相对论不是通过他的理性思维，他没有坐下来用纸用笔一步步算出这个理论，最后得到符合逻辑的结论。理论的诞生是在一个夏天的下午，当爱因斯坦躺在长满青草的山坡上，透过微闭的眼睑，凝视着太阳，玩味着通过睫毛而来的光线，当时他开始想知道沿着光束行进会是什么样子，他就像进入了梦境一样，躺在那里，让他的思想随意遨游，幻想着他自己正沿着光束行进。突然他意识到这正是刚才所探求的问题的答案，这个意识正是相对论的精髓。

孩子的想象力总是无穷无尽，这是多么宝贵的资源，妈妈千万不要遏制孩子的想象，而是要支持甚至引导孩子积极遐想，也许，就能培养出下一个爱因斯坦！

我们经常从照片上看见以万里晴空为背景的冰山景观，相信每一个人都会发出由衷的赞叹：啊，多美啊！而我们所看到的，也只不过是浮出水面的一部分而已。到底是什么造就了冰山之美呢？是那部分隐藏在底下的冰山。堆积在底下的冰山，渐渐地就会将一部分瑰丽地呈现在水面上，在这里"呈现"是不可预料也不好控制的，而"堆积"是完全可以通过计划实现的，而事实上，实现了"堆积"，"呈现"就是不速而至的。"堆积"要计划，包括有目的、有计划、有准备、有措施、有安排、有步骤、有反复、有效率、有节制、有效果。

所以，激发孩子的潜能，妈妈还需要计划，应该给孩子的心智发展提供良好的渠道和方法，使其充分发挥自己的潜力。

总之，天才之所以是天才，不仅仅是因为他有天生的智能，更是因为他后天得到了更早更好地开发。卡尔·威特认为：孩子的天赋当然是千差万别的，有的孩子多一点，有的孩子少一点。没有一个孩子生下来就注定会成为天才，也没有一个孩子注定一生庸碌无为。一切都取决于后天的环境，取决于后天的培养和教育，父母则是其中最为直接和关键的因素。所以，只要妈妈早期教育培养方法得当，每一个孩子都可能成为天才。

第二章
阳光心态是妈妈给孩子受用一生的礼物

心灵的健康和身体的健康一样重要，快乐的分值比学业的分值更加可贵。因此，衡量一个妈妈是否是好妈妈，关键是看她的性格而不是学识。乐观开朗的妈妈，给予孩子一个幸福阳光的心态，胜过学富五车的妈妈给予孩子一个漂亮的成绩。

幽默感不是爸爸的特长

妈妈要在家庭中发挥自己幽默的智慧，将各种矛盾化于无形并且为孩子成长托起了一片天。现代的妈妈要用幽默的智慧轻松的语言来教育自己的孩子，让其在如沐春风中健康成长。此外妈妈也必须把幽默的这种智慧传达给孩子，因为幽默是现代社会交往的有效通行证。

幽默的语言往往给人以诙谐的情趣，又使人在笑意中有所领悟，因而幽默往往是缓解紧张、祛除畏惧、平息愤怒的最好方法。孩子从小学会这种智慧，长大后就会在社交中游刃有余。

一位美国州议员有一次参加会议，主席台上另一个州议员在做一篇很冗长的演讲，他觉得对方占用的时间太长，就走到对方跟前低声说："先生，请你能不能快点……"话未说完，那个正在演讲的议员便回过头来，用严厉的口气低声呵斥他道："你最好出去。"然后仍旧继续其演讲。这个议员觉得受到了别人的侮辱，他顿时怒气冲天。他迫不及待地想报复，但一时又找不到什么方法。于是他就去当时麻省议会主席柯立芝那里申诉："柯立芝先生，你听见某某刚刚对我说的话了吗？""听见了，"柯立芝不动声色地答着，"但是，我已经看过了有关的法律条文，你不必出去。"

这种回答实在是太聪明了。柯立芝把那位议员的愤怒当成了玩笑。他不让自己卷入这种儿童式的争吵的漩涡中去，就是因为他能看出这种无聊的争吵的幽默之处。因此，妈妈要让自己的孩子明白：机智的人不仅善于以局外者的身份化解他人的争吵，而且更善于化解在与人交往时因发生矛盾而出现的僵局。

弗洛伊德说："最幽默的人，是最能适应的人。"在生活中孩子也会面临许多尴尬的时刻，在那一瞬间，他们的尊严被人有意或无意冒犯，或者被喜欢恶作剧者当众将了一军。此时，孩子们就会感到自己丢尽了脸面，无地自容。如果能从容自若地谈笑如故，就会幽默地将伤害自己脸面的难题——化解。

孩子长大后还会面临求学、工作、住房、购物等方面的问题，往往要与人交涉。孩子学会在交往中适时地表现些幽默，他们做事情成功几率一定会大大增加。

妈妈要学会掌握幽默这种智慧。在生活和教育孩子的过程中，总会遭遇无数的痛苦，悲伤以及困苦，如果你善于运用幽默的力量，能够主动地去创造幽默，那生活一定会充满了欢笑。孩子也能在一种愉悦的氛围中健康成长，与此同时孩子也能从妈妈身上学习到这种处世的智慧，在面对别人的一些不适当的言行，处处针锋相对时，也会运用幽默的力量，打破紧张的局面，使自己和对方各种各样不愉快的心情，顷刻间烟消云散。

将快乐这种生存能力传递给孩子

韩国 18 岁少女喜儿弹奏的钢琴曲非常动听，吸引了不少听众。

喜儿的双腿比正常人短，而且每只手上只有两根手指头，她并不聪明，只有 7 岁小孩的智力。但这个少女似乎对自己的命运很满意，她丝毫没有察觉自己的缺陷，还经常面带微笑和别人交流，而且非常刻苦地练习弹奏钢琴。在她看来，正是因为自己只有 4 根手指头，所以很多人才喜欢听她演奏，她觉得幸福极了。

她喜欢自己，接纳自己，丝毫不在意旁人怪异的目光。这种健康快乐的心态取决于她有一位懂得教育的妈妈。

曾经有记者采访喜儿的妈妈："当您第一次看到孩子的手指时，您是什么感受？"

妈妈说："我觉得我们家喜儿真的很漂亮，当她晃动两根手指时，就像绽放的花朵一样美丽，我经常对喜儿说：'宝贝，你的手指真漂亮，咱们换手指，好吗？'"

喜儿的妈妈丝毫不在意别人对喜儿的评价，她总是不停地告诉喜儿："你的手指是世界上最漂亮的手指。"因此喜儿丝毫没有被身上的缺陷所伤害，她总是快快乐乐的。

喜儿的快乐的妈妈传达给孩子的不仅仅是一种快乐的情绪，更是一种积极的快乐的生存态度。她凭借这快乐的态度演绎出了自己的精彩。

观察一下你身边，就可以发现，那些阳光自信、充满乐观情绪的孩子们，几乎无一例外地都拥有一位极其疼爱他们、并乐于赞美的妈妈。爸爸的爱或许更多的是含蓄与深沉，它在潜移默化中教会孩子形成正确的价值观与良好的品性，而妈妈的爱与热情，正好将这种力量激发出来，使之发挥出最大价值。女人天生有善于表达情感和想法的特质，这让妈妈更易于夸奖孩子、关注孩子情绪的变化、在意孩子心情是否愉快等，并且会把快乐的心态传达给孩子。

生活中难免会遇到许多不如意，环顾身边的人，聪明能干的人不少，却很少有生活得十分快乐的。不是对生活不满，便是在追求许多东西的过程中丧失了快乐。快乐的人也许不是出色的人，但却是掌握人生要义的人。他们知道怎样热爱生活，怎样让生命更有意义地度过。他们可能生活得很平凡但却有滋有味。拥有快乐的人是这个世界上最富有的人，所以妈妈应该将快乐这种心态植入孩子的心。

正所谓："人生不如意者，十有八九"。在生活里，当孩子遇到不能改变的困难时，妈妈就要告诉孩子改变自己的心态，让他们给自己装一个"快乐引擎"，让他们从日常平凡的生活中寻找和发现快乐，就一定会获得幸福。因为大多时候，"快乐"并不是别人带给你的，也不会凭空从天上掉下来，而是靠他们自己去寻找。

妈妈都是魔术师，她们凭自己的努力能让孩子在生活中找到自己的快乐。下面教您几种调制快乐的方法，在日常生活中传达给孩子。

妈妈在日常生活中，要引导孩子不要害怕改变。快乐的人不害怕生活中的改变，他们甚至会离开让自己感到安逸的生活环境，去寻求全新的生活感受，从来不求改变的人自然缺乏丰富的生活经验，也就难以感受到快乐。

妈妈要让孩子懂得，不抱怨的人才会有快乐。快乐的人并不比其他人拥有更多的快乐，只是因为他们对待生活和困难的态度不同，他们从不问"为什么"，而是问"为的是什么"，他们不会在"生活为什么对我如此不公平"的问题上做长时间的纠缠，而是努力去想解决问题的方法。

友情是生活中的快乐元素之一，懂得感受友情的孩子才幸福。一个人如果没有朋友的友谊，就会感到孤独寂寞，不可能有更多的欢乐。因此，人的生存需要有朋友和朋友的友谊。遇到不愉快的事情或矛盾时，要多和朋友交流，商讨解决问题的办法。闲暇时，也可和朋友做一些有意义的活动，充实生活。事实证明，真正的友谊会给你带来幸福和快乐。

快乐很简单，简单生活的孩子更能抓住快乐的尾巴。时下有一个非常流行的理论，得到了广泛的认同。这个理论把天下所有的事分成了3件事：一件是"自己的事"。诸如：吃什么东西、开不开心、要不要帮助人……自己能安排的事皆属之。一件是"别人的事"。诸如：小王好吃懒做、老张对我很不满意、我帮助别人，别人却不感激……别人主导的事情皆属之。一件是"老天爷的事"。诸如：会不会刮风、下雨、地震、发生战争……人能力范围以外的事情，都属于老天爷的管辖范围。人的烦恼就是来自于：忘了自己的事，爱管别人的事，担心老天爷的事……要轻松自在很简单：打理好"自己的事"，不去管"别人的事"，别操心"老天爷的事"。让你的孩子记住这个理论，他们的生活就会简单许多，生活越简单，他们就会变得更快乐。

让孩子经常快乐，培养孩子快乐的性格

成功，并不等于就幸福、快乐。排在成功前面，还有个更大的目标，那就是"让孩子感觉快乐"！这是家庭教育的最高境界，也是我们为人的最高境界。孩提时代，理应是一个充满梦想和快乐的时代。所以，作为妈妈，一个很重要的任务就是让孩子不断地感受幸福和快乐。

要知道，妈妈最应该给予孩子重要的礼物就是"快乐"。快乐是一生的财富，快乐的人比较能够以轻松的心情来迎接未来的挑战，快乐的人比较能以理智的方法来解决问题。美国儿童心理学家经过多年的研究发现，注意培养孩子快乐的性格，有利于孩子的健康成长。

那么，怎样才能让孩子经常快乐呢：

1. 妈妈要注意培养孩子对快乐的体验。在每一件小事上，妈妈都可以询问孩子的感觉，高兴不高兴？为什么？例如，出去玩的时候问孩子："你喜欢出来玩吗？高兴吗？"另外，妈妈也要经常把自己的体验告诉孩子，例如，"你能帮妈妈做家务，我很高兴。"

2. 让孩子有机会享受"不受限制"的快乐。孩子毕竟是孩子，他们需要带着童真的想象力尽情地玩耍，需要有时间去打雪仗、看蚂蚁搬家——这些按照孩子自己的步伐去探索世界的活动，更能给他们带来真正的快乐。有些事情大人觉得没意思，孩子却很喜欢，大人认为孩子会喜欢的东西，小孩得到了却并不高兴。有的妈妈给孩子买很贵的玩具，孩子却宁愿玩水、玩泥巴、捉迷藏、过家家。所以，妈妈不要总把自己的好恶强加给孩子，要让孩子做他们喜欢做的事情。

3. 不要苛求孩子。孩子毕竟是孩子，各方面的能力有限，总有这样或者那样的不足。妈妈不可太过于追求完美，如果妈妈总是对孩子表示不满和批评，会伤了孩子的自尊，使孩子失去自信。

4. 给孩子展示自己的机会。每一个孩子都有自己独特的天才和技能，展示这些能给他们带来极大的喜悦。"妈妈，我给你讲一个故事好不好？"这时即使你在厨房做饭，也要满足他的这个愿望，并适时地给予肯定："你讲得真是太棒了。"要知道，能和你分享他喜欢的这个故事，他就会很快乐。孩子的热情能通过你的分享和肯定转化成良好的自尊、自信，而这些品质对他们一生的快乐都是最宝贵的。

5. 教孩子调整心理状态。妈妈可以为孩子指出前途总是光明的，使他在恢复快乐心情的环境中寻找安慰，积极调整好心态。那些经常快乐的人，并不是永远都心态很好的人，而是特别善于调整心态的人。

6. 密切与孩子之间的感情。在培养快乐性格的过程中，友谊起着重要作用，所以妈妈要加深与孩子的感情，鼓励孩子与同龄人一起玩耍，让他们学会愉快融洽地与人交往。

7. 保持家庭生活的美满和谐。家庭和睦，也是培养孩子快乐性格的一个主要因素。小的时候在美满幸福的家庭环境中长大的孩子，长大后性格也比较乐观开朗，对生活充满热情和希望，比在不幸家庭中成长起来的孩子要快乐得多。

快乐的孩子容易成功，失败不能令他沮丧，烦恼也不会妨碍他继续追求成功。所以，妈妈应该给予孩子的最重要的礼物就是

"快乐"。

伤心之事也要用美妙的语言解释给孩子听

莎莉上幼儿园的时候，她的爸爸妈妈离婚了。

一天，她的爸爸和妈妈整整坐了一夜，也说了一夜的话，或是因为莎莉太小没有记住。但有一句爸爸说的话她记住了："你走吧，由我来向莎莉解释。"这意味着妈妈要走了。

莎莉的妈妈走了好几天了，莎莉每天都在等着爸爸所谓的解释。

也许他把他说的话忘了，仍跟以前一样接送莎莉上学，给莎莉在学前班的家长手册上认真填写她又学会了的新字，又听到的新故事以及纠正莎莉左手写字画画的情况。这些在莎莉的其他同学家里都是由妈妈来做的事情，在她家里却一直是由爸爸来做的。

每当莎莉的奶奶看到这些，就叹气地说莎莉的妈妈"心早就不在啦"，莎莉的爸爸就会用眼神制止奶奶，好像在隐瞒什么。但莎莉并不追问，莎莉相信总有一天爸爸会向她解释的。

莎莉妈妈走了快一星期了，又是一个晚上，莎莉爸爸合起给莎莉读的故事书，又压了压莎莉的被角，像又要给莎莉讲故事一样对她说："你一定听过很多天使的故事。"

莎莉的爸爸停了停继续说："每一个天使飞到一个地方，发现那里有人冷了，有人饿了，有人在受苦，有人需要她的帮助，她就会留下来当差，做他们的父母兄弟。如果一切都很好的话，不当差的天使就会放心地飞走，继续去找需要她帮助的人。

"如果世界上的爸爸妈妈就是天使，是专门飞来照顾孩子，陪孩子一同好好长大的话，那咱们家里，爸爸一个人就能照顾好莎莉。所以，妈妈才放心地把莎莉留给爸爸，妈妈去了一个叫澳大利亚的很远地方，就像不当差的天使一样……"

莎莉当时很小，但她听明白了这是怎么一回事，那就是妈妈离开了。

这也是莎莉在以后的生活中，听到过的父母在孩子面前对"离婚"作出的最美、最好、最阳光灿烂的解释。

这是一种单纯形态的幸福，是人们在生活中苦苦追寻的，即使是最大的幸福也无法比拟。只要我们解释得当，哪怕不快乐的事情孩子也会觉得很美好，不会在心里留下阴影。每个妈妈都希望自己的孩子能拥有健康的心灵，在快乐中健康地成长，那么我们怎样做才能让孩子永远保持这样一颗快乐的童心呢？

1. 孩子的妈妈要想法让孩子天天快乐。轻松愉快的情绪能使孩子顺利地进行各种活动，妈妈应使他经常处于一种兴高采烈的状态。妈妈要为他树立模仿的榜样，时时处处以自己乐观向上的情绪去感染他，让他生活在轻松愉快的氛围中。

2. 让他感到妈妈的可亲可敬。家庭内部民主平等的人际关系是他心理健康的"维生素"。尊重他，认识到他也是一个独立的人，有自己的情感和需要，放下做妈妈的架子，使他觉得妈妈和自己是平等的。要礼待他，不打骂他。妈妈做错事、说错话，要勇于向他承认错误。

3. 让孩子认识自我。孩子能否正确认识自己，评估自己的能力，是其心理健康的一项重要指标。帮助他形成良好的自我意识，发展他的自尊心，提高他的自我意识水平，使他认识到世界上只有一个"我"，如："我"是独特的；"我"很能干；"我"有许多优点，也有一些缺点，不过，经过努力，"我"能改正自己的缺点，做个好孩子。

4. 让孩子对任何事情都拿得起，放得下。和小朋友吵架了，他很快就会忘掉，不会记仇；挨妈妈训斥了，即使是哭了，也会很快就破涕为笑；受到老师批评了，他也不会老是怀恨在心。他当哭则哭，当笑则笑，受到表扬，便高兴得又蹦又跳，受到批评便掉眼泪，绝不会掩饰和做作。

孩子的认识主要来自于妈妈，妈妈要尝试着用美妙的语言解释一切。像莎莉的爸爸一样，再残忍的事情我们也可以用最美妙的语言让他们感到快乐和美好。

积极乐观的妈妈，带动孩子的人生

有一个故事，带有传奇色彩，却真实地发生了。

在英国，一个华人组成的旅游团队突然遭遇车祸，一个女孩子当场昏迷。医务人员把她送到了皇室医院，在那里接受最好的治疗。但是种种迹象都表明，这个漂亮的花季女孩已经脑死亡。

"不可能的，我了解我的女儿，她不会就这样走的。"女孩的妈妈赶到英国，她一直在重复这句话，很多人都把它当成巨大悲痛下的呓语，纷纷安慰妈妈。

"你们不要安慰我了，请相信我，女儿真的没有死。"然后，母亲坚持用自己的能力请最好的中医去英国会诊，当时英国医院的人都很同情她，于是答应让中医复诊。

中医火速赶往英国，一下飞机就直奔医院，马上开始把脉、针灸。

奇迹出现了，女孩儿醒过来了。

这个奇迹的创造者不是中医，而是那位坚定的妈妈。如果不是她的坚持，女儿很有可能被火化，那是多么可怕的事情啊！但是在最后一刻，她始终坚信自己的女儿可以醒来。结果，这股强大的精神力量真的把女儿唤醒了！

对人生的态度、对生命的把握、对自我的认识，这些抽象的东西，都能通过妈妈传达给孩子。妈妈的言谈举止对于孩子的成长产生着很大的影响，妈妈的积极心理现象可以促使孩子乐观积极、奋发向上；反之，也会使孩子变得消沉、忧郁、萎缩。引导、教育孩子以乐观、积极的态度去面对一切，不仅需要各种活生生的事例使孩子心悦诚服，也需要妈妈自身能够以平静的心态对待一切，"不以物喜，不以己悲"，尽量消除掉各种消极心理的负面影响。

人的一生中最需要的就是积极乐观的心态。每一个妈妈只要积极乐观，都能带动孩子的人生。

在纽约的一家华人学英语的学校里，一个年近八旬的老奶奶每天都来上课，她从来不迟到，也从不早退。老师布置的作业，她像个小学生一样按时完成，写字很工整。尽管她的口语已经很难流畅地道，但她总是积极发言……这是一个标准的中国三好学生，当时老师就想，这样一个对自己要求严格、积极好学的妈妈，一定有很不错的儿女。于是，她就主动上前去问老人，她孩子是做什么工作的。

老人家先是不想说，后来很谦逊地说："我的女儿在给国家打工，她叫赵小兰。"原来，这就是美国第一华人女部长赵小兰的母亲，赵小兰的成功和传奇经历，在她的妈妈身上似乎也能找到。

这个故事是一个老师写的，他当时非常感慨，也许他说得没错，正是因为有这样严于律己的母亲，才能培养出那么优秀的女儿来。妈妈是女儿最好的老师，妈妈选择了进取，女儿也没有理由后退。

教育家斯宾塞做过这样一个实验，带两群孩子来到小镇边上的小河边，他告诉其中一群孩子："我一发出口令你们就跑到教堂那里去，那里正在举行婚礼，先跑到的有可能会得到小糖果。"他又对另一群孩子说："你们要尽快跑到教堂那里，越快越好，谁落后我就会惩罚谁。"随着他的一声口令，两群孩子都飞快地跑起来，要知道从河边到教堂有很长的一段路程。结果呢，那群知道先跑到教堂可能有糖吃还可以看到婚礼的孩子，先跑到的很多，而且到达以后，大多还很兴奋。而另一群孩子，有的掉队了，有的干脆跑了一半就停下来了。停下来的孩子多了，大家也就不怕惩罚了。

同样一件事情，因为不同的心态，就有截然不同的结果。谁都希望自己的小孩分在第一组，是去奔赴一场宴会，但孩子的人生中，绝大部分时间是由他们自己决定是在奔向幸福还是不幸。

使孩子保持乐观的心态很重要，但更重要的是，妈妈首先保持自己的乐观心态，以身作则地感染孩子们。你不一定要做一个美艳动人的妈妈，但你一定可以去做一个坚强、勇敢、乐观的快乐妈妈。

妈妈，别把焦虑转嫁给孩子

小凡的妈妈最近一段时间不知道为什么，老是为一些微不足道的小事忧虑，以至于影响了正常的工作。

比如，她总是莫名其妙地对那支钢笔产生厌恶之感。一看到那磨得平滑的钢笔尖就心里不舒服，她更讨厌那支钢笔的颜色，乌黑乌黑的。于是她干脆把钢笔扔到了垃圾桶里。可换了支灰色的钢笔后，她依然感觉不舒服。原因是买它时，自己当时在售货员面前出了点丑，自尊心受到了伤害。因此刚买回来，她就把它扔到楼道里，任人践踏。

还有一次，小凡给妈妈买了一个用来盛饭的小塑料盒。妈妈脑子里冒出一个想法："这是不是聚乙烯的？"几年前，她记得自己曾看过一篇文章，好像是说聚乙烯的产品是有毒的，不能盛食物。这下她的神经又绷紧了：这个小塑料盒会不会有毒？毒素逐渐进入我的体内怎么办？她万分忧虑。

有一天，妈妈又为小凡头上的两个"旋儿"而苦恼起来。他听人说"一旋好，俩旋孬，两个顶（旋），气得爹娘要跳井"。真有这么回事吗？要不为什么小凡总是让自己担心呢！可有两个旋的人多的是呀！这个念头令她终日忧虑不已。小凡的妈妈就是这样一直在忧虑中徘徊、挣扎着……

而可怜的小凡，也在妈妈这种焦虑情绪的影响下，整天忧心忡忡，她总是很自责，觉得自己是妈妈的"克星"，如果妈妈当初没有生下她，可能会很幸福。慢慢地，小凡上课总是紧张兮兮的，害怕学不会东西，对不起妈妈，她也很担心自己以后没什么前途，不能赚钱养妈妈……以往乐观开朗的她也逐渐变得沉默寡言，焦躁不安。

小凡的妈妈其实是患上了焦虑症。而小凡的焦虑情绪其实是被妈妈传染的。美国心理学家研究发现：如果父亲或母亲患上焦虑症，那么与他们生活在一起的孩子患上焦虑症的风险是正常家庭孩子的 7 倍。而焦虑症的"传播"途径往往是患有焦虑症家长平日的一些行为，如对孩子过度保护、过度批评、在孩子面前经常流露出惊慌和害怕的神情等。那么什么是焦虑症呢？

我们还是先从焦虑的情绪体验说起。焦虑是一种没有明确原因的、令人不愉快的紧张状态。我们可能都有过这样的情绪体验：在你第一次和心爱的人约会之前，在你的老板大发脾气的时候，在你知道孩子得了病之后，你都会感到焦虑。适当的焦虑并不是坏事，往往能使人鼓起力量，去应付即将发生的危机。但是，如果忧虑过多，以至于达到焦虑症，这种情绪就会妨碍你去应对、处理面前的危机，甚至妨碍你的日常生活。

焦虑情绪过重或有焦虑症的人，他们内心充满了过度的、长久的、目的并不明确的焦虑和担忧。比如，他们会为孩子的前途担忧，即使孩子很聪明，学习又好，他们也会感到危机和焦虑；或者他们会成天为自己孩子的安全担心，生怕他在学校里出了什么事；更多的时候他们自己也不知道为了什么，就是感到极度的焦虑和不适。他们整日忧心忡忡、神色抑郁，似乎感到灾难临头，甚至还担心自己可能会因失去控制而精神错乱。

妈妈一旦焦虑情绪过重，生活的紧张及抑郁气氛就会加重，孩子在这种环境下生活，必然会受到影响。如果妈妈时时刻刻打电话担心自己的安危，孩子也会跟着不安起来；如果妈妈压力太大，孩子也会想分担妈妈的压力而给自己增加压力；如果妈妈整天愁眉苦脸，孩子自然也会少有笑脸……所以，妈妈，为了你和孩子的健康生活，请不要那么容易焦虑起来，更不要将你的焦虑展现在孩子面前，转嫁给他。孩子的乐观心态，会因为你转嫁来的焦虑而磨灭，最终，他将带着和你一样焦虑的情绪走过一生。这应该不是你所想的。

消除焦虑心理有多种方法，比如，听音乐、做运动、换环境、放松心情，等等，但是最本质的却是纠正认知错误，凡事都看得开、看得破。这里告诉大家一种比较实用的方法（同样也适用于因为家长影响或其他一些原因患上焦虑症的孩子）。

第一步：当你焦虑时，请拿出一张白纸，把你焦虑的问题写到纸上，比如，"我总担心自己失业"、"我怕孩子不能适应社会"、"我莫名其妙地冒出一些讨厌的想法"……

第二步：全部写下后，再逐一分析这些焦虑有什么原因，思考它对事情的发展有没有好处，并写在纸上。一般你会总结到这一点——越焦虑，事情反而会越糟糕。

第三步：想更好的办法，比如：既然焦虑失业会更糟，那么我安下心来工作才是最好的办法；既然越是为孩子的前途感到焦虑，越是让孩子有负担，不如，把"不管"当做"最好的管"。（把你想到的这些想法也写在纸上）

反复多次，你会发现你已经远远地把焦虑甩在身后了！

灰暗的妈妈，养不出阳光的孩子

海明威是蜚声 20 世纪文坛最优秀的美国作家之一，《永别了，武器》《老人与海》等都是其具有代表性的小说。他享受到了让所有人羡慕的荣誉与财富，但令人遗憾的是他在众人羡慕的眼神中把猎枪的枪口放进嘴里，扣下了扳机，结束了自己的生命。那么，在众人眼里应有尽有的海明威为什么会选择自杀呢？

这或许是一个偶然，在非洲的时候他曾经遭遇过两次飞机失事的事故，从此之后便留下了后遗症。在他 62 岁的时候已经不能正常行走了，而且记忆力也急剧下降。这些让他感觉到极度的恐惧和悲伤，对自己也失去了信心，于是走向自杀的道路。

海明威极度的自卑情绪扰乱了他的生活，"既然不能像正常人一样活着，还不如死掉"的想法一直萦绕在他脑海中。他的自卑，让他无力去和这个强大的世界抗衡，无奈之下选择了终结自己的生命。那么他的这种自卑情结是与生俱来的吗？答案是否定的，这与海明威从小生活的环境有着千丝万缕的联系，与他的家庭环境，尤其与他母亲的影响有很大的关系。

海明威一生结过 4 次婚，但是对他人生和人格起决定作用的并不是他的 4 位夫人，而是教师出身的母亲格蕾丝。

格蕾丝是一个很懒散的女人，从小过着公主生活，是父母的掌上明珠。嫁给海明威父亲克拉伦斯的时候，格蕾丝就与海明威的父亲签订了几项规定，其中有一项就是不做家务，婚后克拉伦斯一直遵守着这项约定，从来不让格蕾丝做家务，家中的大小事全由他自己处理。即便是有了孩子，格拉伦斯还亲自为孩子准备早饭，然后再把妻子的早饭送到床上。

克拉伦斯是一名著名的医生，但无论他有多忙，都会亲自去购买各种食品、下厨、洗衣服、管理下人。这样更加纵容了格蕾丝自私的性格，这位大小姐非常排斥肮脏的尿布、生病的孩子、打扫房间、洗碗、做菜……这些事情她一次也没有做过。

母亲格蕾丝懒散的印象遭到了海明威的厌恶。再加上母亲的强势管教，总是强迫他严格遵守日程计划表、随时接受检查，还要求他保持端庄整洁的形象，更加让海明威憎恨。

海明威为了对抗母亲的强势行为，曾坚持10天不吃蔬菜，为此不但挨了打，还患上了便秘。即便如此海明威也不屈服。在第一次世界大战期间，海明威远赴意大利战场加入反对佛朗哥的军队，并担任战地记者，在古巴内乱时支援反对卡斯特罗的地下组织，参加非洲探险活动，这都是他试图摆脱母亲的影响和与母亲对抗而做出的举动。

母亲的强势性格对海明威就是一种压制，让海明威一直处于一种弱势的自卑地位。这种自卑和对来自母亲强势的厌恶，使得他成年之后极为讨厌试图干预他的任何一位女人。这也是他选择多次离婚的原因。

不管是在文学上还是心理学中，把孩子讨厌母亲喜欢父亲的性格称之为"海明威情结"。"海明威情结"凸显出了家庭教育中母亲对孩子的影响，强调了母亲的性格和言行对孩子性格形成的作用和重要的意义。

妈妈的性格取向总是有一种很神秘的力量在支配着孩子的言行和性格的养成。有时候妈妈对孩子的影响并非总是积极的，妈妈的性格以及性格决定下的言行会给孩子造成负担。如果妈妈的性格过于强势或过于软弱，对孩子过于溺爱或漠不关心，都让孩子形成自卑懦弱、无情冷漠的性格取向，从而影响孩子的一生，甚至给孩子造成致命的伤害，这样的伤口一辈子都不会愈合。

如果妈妈能有一种相信他人的人格，就不会表现出对孩子的不信任，就不会在孩子端着一个水杯的时候，担心孩子会烫伤，或者摔坏杯子，然后从孩子手里把杯子拿走。如果妈妈这样做了，孩子会产生一种挫败感，长期受到这样的对待，他们就会认为自己连力所能及的事情都做不好，就更没有信心去做更重要的事情了。

对孩子成长影响极大的妈妈们要改变不良的性格，做一个阳光妈妈。把赞美和欣赏，把自信和坚强，融入自己的性格中，才会让孩子在阳光中沐浴，才能让孩子阳光、健康地成长。

妈妈的抑郁会传染给孩子

文慧今年已经 35 岁，担任某公司的经理。由于平时压力大，又很少真正交心的朋友，文慧这几年来有一种难以言状的苦闷与忧郁感。说不出什么原因，她总是感到前途渺茫，一切都不顺心。即使遇到喜事，她也毫无喜悦的心情。过去常常下班后和小儿子一起玩，有时也和丈夫去看电影、听音乐，但后来就感到一切索然无味。

她深知自己如此长期忧郁愁苦会伤害身体，并且影响家人心情，但又苦于无法解脱，而且还导致睡眠不好、多噩梦及胃口不开。有时她感到很悲观，甚至想一死了之，但对人生又有留恋，有很多放不下的东西，因而下不了决心。

　　她的丈夫知道她的抑郁心理比较严重，总是想方设法讨她欢心，经常和她谈心，陪她听音乐，给她讲一些幽默笑话……可是没什么效果。丈夫最近总是觉得心灰意冷。更糟糕的是他最近发现 11 岁的儿子好像也有抑郁倾向：不爱说话，成绩好但很自卑，总觉得自己缺点太多，对自己的长相不满意。文慧的丈夫很着急，他越想越不明白，难道是妻子的抑郁传染给孩子了，使得一向优秀的儿子缺少自信？

　　什么是抑郁心理呢？抑郁心理是以心境低落为主，与处境不相称，可以从闷闷不乐到悲痛欲绝，期间常常伴有厌恶、痛苦、羞愧、自卑等情绪。严重者可出现幻觉、妄想等精神病性症状。对大多数人来说，抑郁只是偶尔出现，历时很短，时过境迁，很快就会消失。但对有些人来说，则会经常地、迅速地陷入抑郁的状态而不能自拔。

　　很显然，文慧是被抑郁"缠上了"，而她丈夫的问题也并不是空穴来风——抑郁症的确会遗传，但孩子虽会有潜在的抑郁症风险，如果没有外界刺激，一般不会发作。如今儿子也有抑郁的症状，关键是因为妈妈的抑郁刺激了孩子的心情。

　　现代医学认为抑郁症发病一般不是单方面因素引起的，而是遗传、体质因素、神经发育和社会心理等因素共同作用的结果。家族病史，婴幼儿期没有得到足够的爱，突发灾难，长期精神压抑等，都是致病因素。

　　抑郁症危害也比较严重，一旦被抑郁缠身，便会很难挣脱，有的甚至抑郁情绪反复发作，时好时坏。并且 6 成以上的抑郁症患者有过自杀的行为或想法，15% 的抑郁病人最终自杀。

然而，在多数人眼中，抑郁仿佛永远在他处，与己无关。事实并非如此，据世界卫生组织估计，几乎每 30 个人当中，就有一个人正经受着抑郁症的困扰，每 15 个人当中，就有一个曾经面对过这种疾患，并且女性比男性更容易患上抑郁症，其几率为 2:1。并且抑郁症还具有一定的遗传性。但没有重大事件的刺激，孩子和妈妈一般不会同时患上抑郁症。所以即使自己患有抑郁症，也不必忧心忡忡，避免孩子遭受不必要的打击，能很好地让他远离抑郁症。

虽然引起抑郁的原因多种多样，每个人抑郁的事情也都有所不同，但调节抑郁的方法更是多种多样，甚至平时的休闲活动都可以在一定程度上调节抑郁情绪。下面介绍几种实用的小方法，不妨一试！

1. 随意涂鸦：把引起你忧郁的事情画出来，比如，因为想念双亲而忧郁，就把双亲慈祥的面孔画出来，不要计较像与不像，只要倾注全部感情去画。如果讨厌一个人，也可以去画他，把你厌恶的感情也画进去。

2. 写下随想：当你心情不佳时，不妨拿起一支笔，抒发胸中的情感，将心情诉诸纸上，会有释放的感觉。

3. 亲近自然：当你感到无助和抑郁时，不妨置身于自然之中，感受自然的鸟语花香，忘记现实的烦恼。

4. 便利贴的妙用：把鼓励自己的话，写在便利贴上，贴在自己一眼就能看到的地方，不时提醒和鼓励自己，便不会感到孤单和委靡不振。

5. 聆听音乐：虽然音乐的确能够达到调节抑郁的目的，但不同的人最好根据自己的喜好来选择音乐。

6. 创造家庭好环境：良好的家庭环境是使孩子免受抑郁侵害

的保护伞。妈妈应避免长期在孩子面前吵架、向孩子诉苦、给他讲一些悲观的想法。

妈妈不仅要学会调节孩子的抑郁情绪，更要学会调试好自己的心态和情绪状况，千万别让你的抑郁传染给孩子。

乐观精神是孩子应对困境的最好武器

比尔·盖茨从 20 岁时便开始领导微软，31 岁时成为当时最年轻的亿万富翁，39 岁时身价一举超越华尔街股市大亨沃伦·巴菲特而成为世界首富，同年，他以一票的微弱优势领先通用电气（GE）公司的杰克·韦尔奇，被《工业周刊》评选为"最受尊敬的 CEO"。

这样一个"命运的宠儿"，曾经送给年轻人一段让人回味深长的忠告："公平不是总存在的，在生活学习的各个方面总有一些不如意的地方。但只要适应它，并坚持到底，总能收到意想不到的成效。"他自己的经历也最能说明这句话。

在比尔·盖茨读中学的时候，他接到全国最大的国防用品合同商 TRW 公司的电话，要他去面试。为了实现自己的梦想，比尔·盖茨征得学校的同意后，去做 3 个月的"临时工作"。3 个月后，盖茨回到学校，迅速补上三个月中落下的功课，并参加期末考试。对他来说，电脑当然不在话下，他毫不担心，其他功课他也很快赶上了。结果他的电脑课老师只给了他一个"B"，原因当然不在于他考试成绩不佳——他考了第一名——而是他从不去听这门课，在"学习态度"这条标准中被扣了分。这是盖茨第一次体会到"不公平"，但他并没有抱怨什么，而是接受了这种现实，集中精力做数据的编码工作。他因为梦想离开了哈佛，不久之后，他成了名副其实的电脑程序员，具备了坚实的编程基础和丰富的经验。

海伦·凯勒说：虽然世界多苦难，但是苦难总是能战胜的。挫折常常会不请自来，关键是不能把挫折当成放弃努力的借口。乐观的态度是支持比尔·盖茨的巨大力量，让他能为了自己的目标，不把这些不公平放在眼里，并取得常人都无法企及的成就，这些都是乐观对他的馈赠。美国人有着异乎寻常的乐观精神，他们面对挫折从来不会垂头丧气。

一次可怕的意外事故之后，美国人米歇尔的脸因植皮而变成一块"彩色板"，手指没有了，双腿异常细小，无法行动，只能靠轮椅活动。但他不认为他被打败了，而是坚定地说："我完全可以掌握我自己的人生之船，我可以选择把目前的状况看成倒退或是一个起点。"6个月之后，他居然又可以自己开飞机了。

他为自己买了房子、一架飞机及一家酒吧，之后开始经营公司，并把公司发展成佛蒙特州第二大私人公司。事故后的第4年，他所开的飞机在起飞时又摔回跑道，把他胸部的12条脊椎骨压得粉碎，腰部以下永远瘫痪！但是他仍然不屈不挠。之后他被选为镇长，后来竞选国会议员，他用一句"不只是另一张小白脸"的口号，将自己难看的脸转化成有利的资本。

接着他完成终身大事，并拿到了公共行政硕士，持续他的飞行、环保及公共演说活动。

正是这种乐观的精神，帮助人们克服困难，获得好的结局。作为妈妈，我们要做的就是传递给孩子这种乐观精神，让他能感受并体会到。当孩子出现了失败的状况时，妈妈千万不要对孩子说那些令人垂头丧气的话，而是要努力去激发和保护孩子积极乐观的心态，这样孩子面对挫折和失败时才能更坚强。那么妈妈应该怎样做呢？

首先，妈妈应该以身作则，对挫折要有正确的观念，要有承受心理及应对良策，即使遇到再大的困难也不要唉声叹气。如果事情和孩子有关，需要他一起来面对，妈妈也应该给孩子树立一种克服困难的信念。

其次，不要苛求孩子。比如在言行举止上，如果孩子写字不规范，可以让他仔细观察书上的正确写法，鼓励他帮助他。妈妈还应多抽出时间陪孩子玩游戏，这样会让孩子很开心。要孩子学会调整心态，当孩子痛苦烦恼时，妈妈应及时地帮助他们找到摆脱的办法，如听歌、运动以及和朋友谈心等，帮助孩子尽快振作起来。

最后，不要伤害孩子的自尊心和打消他的积极性。不要动辄就用一些否定性的字眼来批评孩子。孩子犯错了，妈妈应该先客观地分析，再教他正确的方法，而不是总替他惋惜，后悔："如果这样做就好了，就不会那样了"等。经常让孩子沉湎于回忆和懊悔，他的乐观精神也会变少。

遭遇挫折并不可怕，可怕的是没有面对挫折的勇气。挫折像是我们的老朋友，虽然有时会跟我们开开玩笑，但正是它让我们的心更强壮。生活好比一面镜子，当我们对它笑的时候，它才会对我们笑。快乐的行动决定于快乐的思想，一个乐观的心态，比一百种智慧都更有力量。而当孩子拥有乐观的心态后，就有了征服困境的最大武器。

第三章
妈妈，和孩子谈谈生命

生命只有一次，生命是一切价值的前提，热爱生活、珍惜生命是人最基本的素质；开展生命教育则是家庭教育的重要内容和职责；妈妈通过生命教育帮助孩子认识生命、珍惜生命、尊重生命和热爱生命，为提升孩子的生存能力和生命质量奠定基础。

给孩子一次涤荡心灵的"生命教育"

孩子的心理健康非常重要，每个妈妈都希望拥有一个活泼健康的孩子。孩子成长的过程中，或多或少会遭遇危险的威胁。那么，爱孩子，就对孩子进行一次生命教育吧。

提到生命教育，不得不提到 2008 年的汶川大地震。

汶川大地震发生后，伤亡惨重，但有一个中学全体师生幸免于难、全部逃脱，这就是桑枣中学。该校共 2200 多名学生、上百名老师在地震发生后仅用了 1 分 36 秒的时间就全部冲到操场，以班级为组织站好，无一伤亡，创造了一大奇迹。

这得益于 2005 年开始，桑枣中学每学期都要在全校组织一次紧急疏散演习。他们的应急工作做得非常仔细，每个班的疏散路线、楼梯的使用、不同楼层学生的撤离速度、到操场上的站立位置等，都事先固定好，力求快而不乱，井然有序。这是桑枣中学重视生命教育的一个重大成果。

那么什么是生命教育呢？

生命教育，就是教会孩子尊重与珍惜生命的价值，热爱与发展每个人的生命，并将个人的生命融入社会之中，使孩子树立起积极、健康、正确的生命观。其最终目的在于，通过教育使孩子掌握必要的生存技能、增强承受挫折的能力、培养起坚定的理想信念，学会关心自我、关心他人、关心社会，从而树立积极的人生观、尊重他人生命和自我生命的意识，以博大的胸怀和坚忍的毅力去实现个体的生命价值，为社会造福。

长期以来，我们的教育一直为升学所左右，"生命教育"成为教育盲点，常年缺席，正因为"生命教育"的"缺席"，孩子们才不知道生命的宝贵，才不知道爱惜自己的生命。其实，人最宝贵的是生命，健康是一个人最大的财富，生命都没了，还谈何教育？

某小学4名女生因为看了电视中特殊的自杀方式，便商议一起尝试起来，最终2人死亡；

某市第九中学一位名叫文婷婷的女生因为喜爱的偶像去世而自杀；

一名13岁学生文文从家里偷出300元钱偷偷去见网上认识的男友，最终被骗失身；

河南信阳一名高中女生，半夜把一杯硫酸泼到同学的脸上，原因让众人大吃一惊——她比我学习好；

……

以上案例让人胆战心惊，然而都是事实，都在生活中真真切切地发生或存在过。这些 21 世纪的青少年，这些担负着祖国未来和妈妈期望的"花朵们"，其观念和行为竟然如此不可思议。

面对这样的事实，妈妈们和教育人士不禁要问：这些孩子们到底怎么了？

"人生天地间，忽如远行客。"生命属于人只有一次，相对于天地之悠悠，一个人的生命是短暂的，失去了就无法挽回。人和动物的区别之一在于人类有着明晰的死亡意识，也正由于这种意识，人才对生命倍加珍惜，努力成就自己的一生。

那么，怎样对孩子实施生命教育呢？妈妈可以在诗意的环境中讲述"死亡"。我们现在的教育在有意无意地回避"死亡"这个话题。但实际上，对于死亡，再小的孩子都会有自己直接或间接的体验，回避死亡话题，反而会压抑其对自然生命的体验和感受的认识。

生死学大师库伯勒·罗斯在《关于儿童与死亡》的书里提到，透过绘画、游戏过程，有助于儿童理解或面对死亡。因此，当我们向孩子讲述死亡这个话题的时候，应该尽可能把这个话题放在一种诗意的环境中，让孩子既认识了死亡又不会感到恐惧。

对孩子进行生命的自我保护过程也是不容忽视的一个环节。孩子要有生命安全的意识。泰戈尔说："青少年学生应该有教育的目的，应当是向人传递生命的气息。"生命的价值首先是基于生命的存在，在此基础上才能发展和提升。作为孩子成长的守护者，妈妈不仅要关心孩子知识的获得、精神的成长，还要教会孩子懂得如何保护自己、呵护自己的生命，防止任何可能伤害生命的行为发生。

作为妈妈，应该教孩子欣赏并尊重生命。生命教育的一个重要方面就是尊敬生命、欣赏生命。人们不仅要珍惜自己的生命，还要珍惜其他人的生命。不应该无视生命价值，任意践踏生命。生命是宝贵的，孩子们要学会善待他人，善待自然，善待生命。

妈妈还应该帮助孩子正确认识世界，逐步建设美好的人生蓝图。要做到这一点，就应该让孩子明白，生命的意义和价值所在。要告诉孩子，虽然生命中有坎坷挫折，但生命的本质是光明的，是积极向上的。帮助孩子为实现理想而排除悲观、厌弃自身生命的可能，要做到这一点，妈妈首先要把家庭塑造成一个充满幸福和快乐的园地。

每一位妈妈都有责任把"生命至高无上"这样的话告诉孩子，都有责任时时关注孩子的心理，培养他们"珍惜生命和健康"的意识，都有责任呵护孩子，使其快快乐乐地长大。

孩子对人生的理解是从妈妈开始的

诺贝尔生理学和医学奖的获得者班廷同，在年轻时是一个神学院的学生。他与母亲的感情深厚，当他刚学完一年神学时，就接到了母亲病逝的噩耗。为了帮助那些像母亲一样的病人，班廷同毅然决定从医。每当他遇到一些学习上的困难时，看看床头母亲的相片，看到母亲在病痛中依然保持着的微笑，就什么困难都能克服了。

观察一下你身边，就可以发现，那些阳光自信、充满乐观情绪的孩子们，几乎无一例外地都拥有一位极其疼爱他们、并乐于赞美他们的母亲。父亲的爱或许更多的是含蓄的与深沉的，他在潜移默化中教会孩子形成正确的价值观与良好的品性，而母亲的爱与热情，正好将这种力量激发出来，使之发挥出最大价值。女人天生注重表达情感和想法的特质，让母亲更易于夸奖孩子、关注孩子情绪的变化、在意孩子心情是否愉快等。父亲让孩子感受到勇敢和进取，但是让孩子在生活中深刻体会到这种品质的，还是与孩子形影不离的守护神——母亲。

母亲教育研究所所长王东华教授在他的《发现母亲》中说："对母亲的依恋是人的精神赖以存在而不致崩溃的基础，也是人不断扩大自己生存疆域的依据，人所有的信仰，都是对母亲的信仰的一种替代形式。"这话一点也不夸张，母亲能够带给孩子生命的动力，是难以估计的。

战国时期齐国的王孙贾，15岁入朝侍奉齐闵王。一年，淖齿谋反刺杀了齐闵王，齐国人却不敢讨伐逆臣淖齿。王孙贾的母亲看到这一切，极为痛心。她对儿子说："你每天早上出去，晚上回来，我总在家门口等你，如果你晚上回来得晚，我还要到外面张望。你是闵王的臣子，怎么能够在闵王失踪生死未卜的情况下，安然回家呢？"母亲的话让王孙贾非常惭愧，他走上街头，号召人民起来讨伐淖齿，当时就有400余人响应，最后终于平息了叛乱。

母亲的鼓励帮助孩子克服了恐惧，选择了正义这一边。母亲自身对美好的追求，也能感染孩子走上同样的道路。

居里夫人的丈夫很早就去世了，政府提出帮她抚养两个女儿。年轻的居里夫人谢绝了，她说："我不要抚恤金。我还年轻，能挣钱维持我和我女儿们的生活。"

在养育女儿的过程中，居里夫人没有把小孩子扔在家里，不愿以科学之名推脱自己身为母亲的责任。在笔记本上，居里夫人像做实验一样每天记载着小女儿的体重、吃的食物和乳齿的生长情况。"伊蕾娜长了第七颗牙，在下面左边。不用人扶，她可以站立半分钟。3天以来，我们给她在河里洗澡，她哭，但是今天她不哭了，并且在水里拍手玩水……"

在一本食谱的空白处她写道："我用8磅果子和等量的冰糖，煮沸10分钟，然后用细筛过滤。这样得到4罐很好的果冻，不透明，可是凝结得很好。"

居里夫人第二次获得诺贝尔奖时，特地带上了女儿伊蕾娜，让她与自己一起分享这份荣耀。一战爆发以后，居里夫人征求孩子们的意见，是否同意将保障她们生活的财产捐给国家，两个女儿都欣然同意了。随后，她们又加入战地救护的队伍当中。居里夫人用自己的专业知识，亲自创设并且指导装备了20辆X光汽车和200个X射线室。没有司机的时候，她就自己开车到外面营救伤员，遇到故障，她就下车自己动手修理。

作为一个年轻的母亲，居里夫人并没有比别人有更多的优势，她有科研项目，还是一个寡妇。但她坚强的意志和乐观勇敢的生活态度，使一切都不能将她击倒。这种品格，也影响着她的女儿们，最终，伊蕾娜也成了诺贝尔化学奖的获得者。

很多人担心，不知道怎样去教育孩子珍惜人生、积极进取。其实，只要你自己是一个积极进取的母亲，孩子自然就能拥有阳光的心态和性格。孩子对人生的所有理解，都是从母亲的身上慢慢感悟到的。正因为如此，妈妈们才更有必要去改变自己，提高自己。妈妈的生命觉悟高，孩子才会有一个好的生命观。

妈妈善待自我，孩子才能珍惜生命

据国际预防自杀协会主席布莱恩·米沙拉说："全世界每年死于自杀的人数超过了100万人，比死于战争、恐怖袭击及谋杀这三者的总数还多。也就是说，自杀者多于他杀者。"

想一想我们身边的人与事，就会被这种说法深深地触动。我们都面对过一些痛哭流涕的家长，他们失去了心爱的孩子；也有父母选择了轻生，留下一个残缺的家庭，孩子的性格变得孤僻。自杀给家庭造成的伤害是无法计量的，尤其是白发人送黑发人，更让我们的社会多了一些没有欢笑、没有依靠的人！

据统计，自杀已成为我国15～34岁人群的首位死因，每年至少有25万人自杀身亡，200万人自杀未遂。这些数据的背后，都是一个个鲜活的生命啊，他们有家庭，有亲人，也就是说，每一天都有人要面对亲人自杀的巨大悲痛。

为什么有这么多人选择这条路？世界这么大，难道就没有一个人的容身之所吗？其实不是世界容不下那些轻生者，是他们的内心中不想再给自己一次机会，他们厌倦了人世，很多孩子则是对世界彻底绝望，然后走上了绝路。

难道生命真的不值得人多给自己一次机会吗？当然不是的，只是很多人没有发现生命的美妙，在他们眼中，生命是一种痛苦，是一种沉重的负担。

一所名牌大学新闻系有一个男孩，二十多岁，研究生快毕业了，在一家时尚杂志社工作。但是因为导师给他的压力太大，他跳楼了。很多人都觉得这是导师压榨研究生的一个缩影，是现代教育制度的牺牲品。但也有人说，这个孩子的心灵太脆弱了。

谁来告诉孩子们珍惜生命？要回答这个问题，先要知道，是谁让孩子有了生命意识。如果这个人能够在第一时间把积极的生命意识传达给孩子，告诉他们在任何时候生命都是很宝贵的，那么社会上就会少很多一时冲动酿成的悲剧。有的孩子因为老师的一句"胖得像猪"跳了楼，如果她能意识到这句话在生命面前多么不值一提，就不会这样做了！

孩子的生命老师是谁？当然还是我们的妈妈。那妈妈自己的生命意识怎样呢？怎样看待生命是一种生命观，这种观念直接影响着孩子。那么珍惜生命的母亲，该怎样把这种生命观传达给孩子呢？答案就是要善待自己。但是在现实生活中，妈妈总是把温暖留给家人，把辛苦留给自己。用一个全职妈妈的话说："全职妈妈就是老公和孩子的高级保姆，只是这个称呼听起来好听一些而已。"那这些在家庭第一线终日忙碌的妈妈们，不知不觉就进入了一个"保姆"的角色中，事情永远做不完，谈何善待自己？

妈妈们总是会把最好的东西留给孩子，也给孩子补充各种营养，但不要忘了，我们自己也需要很好地调理，越是觉得自己的责任重要，越有必要照顾好自己的身体。很多妈妈认为保养就是吃营养品，喝各种口服液。其实并非如此。早上起床的时候喝一杯蜂蜜水，晚上睡觉之前一杯牛奶，偶尔喝一点红酒，一点也不奢侈，反而能让孩子和家人看到自己用心调理，留下很好的印象。

妈妈们整天要处理家务，因此常常穿得很随意，这也不是在善待自己的青春和美丽。韩剧中大部分都是居家生活，但是我们看到那些漂亮的围裙和居家的衣服时，都会觉得赏心悦目。为自己挑一个可爱的围裙，或者一双可爱的拖鞋，既能提高自己的生活质量，也能让家人眼前一亮。

妈妈们平时没有时间娱乐，但是可以读书看报，和家人交流自己的感想。如果你从来都是默默地做事情，可能会被孩子当成一个"家务机器"，但是如果你能和他说说最近发生的新闻，谈谈你的感想，就会让他认识到一个有想法、有深度的妈妈。

有了家庭，并不意味着要放弃社交，放弃朋友。如果有条件，把朋友请到自己家里，和大家开开心心地聊天，说一些过去有趣的事情，这在孩子的心中有很重要的意义。他会看到友情的美好，意识到每个人都能有几个好朋友。他也会积极主动地去认识新的人，并且申请带回家来。有了很多朋友，我们就不用担心孩子太孤独、太悲观了。友情能让人的生活变得丰富很多。

人生不应该只有一种颜色，也不应该只有一个角色。你是妈妈，同时也可以是学生、姐姐、密友、咨询师……每一个新的角色，都会带给你新的感情体验，缓解单一的角色带来的压力。同样，孩子也会去积极扮演不同角色，珍惜这丰富的生命。

妈妈善待自己，这并不是自私自利。如果你连自己的生命都不能善待，孩子又怎么会感受到人生的美好呢？

启发孩子从平静的生活中体会快乐

人是一种追求新奇的动物，小孩如此，大人亦然。如今的孩子生活给予了他们太多的选择和刺激后，孩子们反而变得麻木起来。他们总觉得生活无聊，周末让他出去玩玩，他有时会懒得动，说没有啥好玩的，待在家里，在书柜里翻出一堆书，翻翻又扔到一边说没啥好看的；打开电视，不停地调台，最后说没啥好节目……

妈妈们应该启发孩子从平凡的生活中去发现美和快乐，这样快乐的源泉才可以说是最丰富、最自足和最不可穷竭的。

又是一个星期天的上午，10 岁的女儿麦莉做完了作业，在书架前转了几圈，看看有没有能吸引她的书，她抓起几本看了看，开始嘟囔上了："还是这些书，还是这些书，就不能来点别的。"

妈妈忍不住了："家里的书还不算多？这十多架书，你到底看了多少？"

"没有小孩书！"

"小孩书？你都快是中学生了，还小孩书呢！你就最喜欢看那些武侠、侦探小说，寻求刺激，可是好的武侠、侦探小说就那么多，你都看过了。"麦莉知道自己理亏，不吱声了。她转到自己房间，打开电视，马上听见她不断换频道的声音，没过多久，只听"叭"的一声，电视关掉了。

女儿转到了爸爸身旁，求爸爸和自己玩会儿。

差不多每周，这样的事情都会发生。麦莉总觉得没有朋友陪自己玩，而且生活无聊，没有好看的小说、没有好看的电视。

也许很多小孩都曾遇到过这样的情况。孩子总是希望每天都有新奇的事情发生，觉得那样的生活才算真正的有意思。

可是，生活真的是那样才有意义吗？

正如英国哲学家罗素《走向幸福》里所写的："追求兴奋的欲望深深扎根于人类的心灵之中，这种欲望在人类早期的狩猎时代很容易得到满足，随着农业时代的到来，生活变得比过去枯燥多了。今天工业社会中的人排遣厌烦的手段则比过去多得多，但他们也更害怕厌烦……然而，就像一切伟大的著作都有令人沉闷的章节一样，哪怕是伟人们的生活，也有许多看来乏味无趣的时候。就连那些精彩的小说也都有令人乏味的章节，要是一本小说从头到尾每一页都扣人心弦的话，那它肯定不是一部伟大的作品……"

精彩的日子再多再好，最终也将归于平静。生活的实质还是平静的生活。所以，真正懂生活的美好之处的人，往往就是那些能够在平静的生活中体会到快乐的人。而现如今社会风气日益浮躁，能真正体会到生活美好的人便随之日益减少。

现代的妈妈可能时常会感慨，现在的孩子很幸福，有那么多好玩的玩具、好吃的食物、好看的衣服，甚至可以体验形形色色的感觉。为了能让孩子快乐，大人们甚至不惜用金钱来衡量给孩子们爱的多少。

但也许就是因为提供给孩子过多被动的娱乐活动，诸如电影、戏剧、电脑游戏等，会让孩子很少有机会和心灵对话；如果当孩子了解世界的方式，更多的是通过电视与电脑，而不再依赖个人的感受、体验或是那些需要转化成个人经验的文字的时候，孩子们将变得越来越肤浅，而这对他们一生的事业也没有任何作用，也不会从平静的生活中体会快乐。

妈妈们应该从儿童时期开始就培养孩子对单调生活的忍受能力，让孩子能够在平静的生活中锤炼出一颗远离浮躁和喧嚣的心，因为只有沉寂下来的心灵才能指引着孩子找到自己的方向，激励着孩子向着梦想的道路勇往直前。尤其是在现今日益浮躁的社会中，沉寂干净的心灵愈显珍贵！

当然，这一切的前提，是妈妈要有一颗去除浮华的心，是妈妈要有从平静的生活中体会到快乐的能力。

下篇

实用宝典

——妈妈解决育子难题的妙招集锦

第一章
如何说孩子才会听，怎么听孩子才肯说

妈妈的定义不只是一个担有养育教化责任的长辈，她也是孩子第一个也是最重要的朋友。良好的亲子关系，一定不是要让孩子惧怕你，而是要让孩子相信你、尊敬你。只有孩子相信你、尊敬你，你才能和孩子真正对上话，进行良好的沟通。

每天要有和孩子"单独在一起说话"的时间

读初中一年级的一个男生曾对老师说："我很害怕放假。"老师很奇怪，因为孩子们总是盼望假期快一点到来。在老师的追问下，他说："放假在家里，父母都上班了，只有我一个人在家，我很孤独也很害怕，没有人和我说话，爸爸妈妈根本不重视我，他们回到家里只会问：'作业写完了吗？''这一天你都干什么了？'他们从不知道我在想什么，也不和我聊天。晚上睡觉我从不拉上窗帘，因为我要和星星、月亮说话。我很想上学，因为学校里有同学，和同学在一起我感到很开心。"

一项"家庭教育大调查"显示，60%的妈妈每天与孩子相处的时间有4个小时左右：亲子共处时，最常从事的活动是：35%的在一起看电视，25%的妈妈在辅导孩子学习，剩下的则是游戏等。而妈妈每天和孩子说话的时间，则缩短在半小时以内，而且说的内容多是"教导性"的。

在这种情况下，家庭教育出现了"想要"和"需要"之间的落差，妈妈最想要的是：孩子功课棒、才艺佳、听话又乖巧。所以妈妈花时间与精力最多的，还是处理"课业与升学的压力"、"孩子学习的状况"等问题，然而对孩子最希望与妈妈分享的"心情和情绪"，他们的心愿就是妈妈能多和他们说说话，而不是总问："你今天的功课完成得怎么样？""今天你学会什么了？"

许多妈妈觉得给孩子吃好的、穿好的，关心关心他的学习，孩子就会感到很幸福。其实不然，要让孩子感到幸福，绝不仅仅是提供物质上的满足，更重要的是与孩子在精神上有很好的沟通。而每天抽出一定的时间陪陪孩子，就是与孩子进行精神交流的最好渠道。科学研究证明，最有威信的妈妈就是那些每天能安排一些时间和孩子说话的妈妈。

上班族妈妈们常常在跟时间赛跑，有时回到家时，孩子已经睡觉了，然而，聪明的妈妈仍能挤出时间陪陪孩子，和孩子聊聊天，分享他的心情、心事。即使能陪伴孩子的时间很短，但只要注重质量，仍然能让孩子感受到你对他的关心，建立良好的亲子关系，而当孩子得到妈妈的爱与关怀的时候，孩子的稳定情绪与自信心就会持续成长。下面这个妈妈就想出了一个聪明的方法：

我把抽出时间与儿子交流，列为每天的工作内容之一。我回家晚，就强迫自己每天中午抽出半小时，作为与儿子固定的"煲电话粥"的时间，在这点时间里，我用电话与儿子联络，问儿子学习有什么困难？老师对他有什么要求？在学校表现出色不？需要妈妈给什么帮助？开始，儿子吞吞吐吐，不太爱讲，但经不住我启发和开导，他便把学校的困难，与同学的交往，甚至有哪个同学欺负他，等等，都讲给我听。我帮他分析原因，指点做法，引导他正确处理，使他感到每次与妈妈"煲电话粥"都很愉快、都充满喜悦和信心。慢慢地，每天中午，我不打电话去找他，他就会给我打电话，向我汇报学习上的困难，讲述生活中的趣事、思想上的困惑。他还调皮地称中午时间是"妈妈时间"，是"热线时间"。

另外，注重与孩子的情感交流，是妈妈与孩子成为知心朋友的前提，在与孩子交流的时间最好选在吃饭时和睡觉前，因为这是孩子情绪最为平稳的时候。一个母亲，她从孩子很小时，就注意和孩子的情感交流。每天在孩子上床时都要问问他："今天过得开心吗？"孩子长大后，就形成了在睡前和妈妈沟通的习惯，有什么不顺心的事就像朋友一样告诉妈妈。有了这样的感情基础，孩子就容易接受妈妈的建议和忠告，很容易跟妈妈建立起朋友的关系。

职场妈妈在工作时，可以暂时把孩子交给保姆、老人或是学校，但是谁也取代不了妈妈在孩子心目中的地位，你一定要多挤点时间陪陪小孩，因为孩子需要和妈妈"单独在一起说话"的时间，他需要从和你的说话中知道你对他的爱，从而获得安全感和幸福感，同时，他也需要可以依赖的你来帮助他分担一些喜悦痛苦。如果缺少妈妈的陪伴与沟通，孩子就容易"情感饥饿"。"情感饥饿"的孩子特别喜欢撒娇、任性，偶尔还会做出一些古怪的行为，以引起妈妈对他的注意，又或者极端地自闭内向，郁郁寡欢。当孩子出现这些情况以后，妈妈才发现自己的失职，而后悔不已，但也许已经来不及了，因为弥补受到伤害后的亲子关系，赶走孩子的"情感饥渴"，大概要花很长很长的时间，甚至永远也不能实现了。

"蹲下来"和孩子说话

在一个圣诞节的晚上，一位年轻的妈妈，带着5岁的女儿去参加圣诞晚会。热闹的场面，丰盛的美食，还有圣诞老人的礼物……妈妈兴高采烈地和朋友们打着招呼，不断领女儿到晚会的各个地方，她以为女儿也会很开心。但女儿几乎哭了起来，妈妈开始还是很有耐心地哄着，但多次之后，女儿坐到地上，鞋子也甩掉了。

妈妈气愤地把女儿从地上拖起来，训斥之后，蹲下来给孩子穿鞋子。在她"蹲下来"的那一刹那，她惊呆了：她的眼前晃动着的全是大人的屁股和大腿，而不是自己刚才所看到的笑脸、美食和鲜花。她明白了女儿为什么会不高兴，她"蹲下来"的高度正是女儿的身高。这一次，她知道了，只有"蹲下来"和孩子一样高，妈妈才能理解孩子的感受，妈妈才能真正和孩子沟通。

众所周知，只有两头高度差不多，水才有可能在中间的管道里来回流动，如果一头高，一头低，水就只能往一个方向流了。孩子与妈妈的交流也是相同的道理。如果妈妈总是站着面对孩子，妈妈与孩子的距离，就不仅是身高上的几十厘米，而是一代人与一代人之间的距离，是一颗心与一颗心之间不能沟通的距离。所以，"蹲下来"和孩子说话，妈妈与孩子才有可能平等地交流。

"蹲下来"，不只是指在生理的高度上尽量地和孩子保持相同的高度，而更重要的是指在心理上的高度要平等，是以平等的态度和眼光，用认真而亲切的态度，把孩子看成一个需要尊重的独立的人。因为只有在心理上妈妈不再居高临下，与孩子完全处于平等时，孩子才会把他的真实想法告诉你。这就是孩子为什么喜欢把心里话对自己的朋友说，却不愿与妈妈说的原因。

其实，是否"蹲下来"与孩子说话，只是一种方式问题，重要的是在妈妈心中，是否把孩子真正当做和自己一样，是具有独立人格的个体，这才是问题的本质。

美国精神病学家威廉·哥德法勃曾经说过："教育孩子最重要的，是要把孩子当成与自己人格平等的人，给他们以无限的关爱。"家庭内部民主平等的人际关系是孩子心理健康的"维生素"。尊重孩子，认识到孩子也是一个独立的人，有自己的情感和需要，放下做妈妈的架子，使孩子觉得妈妈和自己是平等的，这是妈妈为了孩子的健康成长而所应做的。

可是，在我们的生活中却常常可以看到妈妈站在那里，大声呵斥孩子："过来！""别摸！""去！去！去！别烦我"。从说话态度来看，妈妈用居高临下、命令式的语言语调和孩子说话显得很威风，可在孩子心目中的妈妈，却并不可敬，这样的沟通效果自然不好，而且妈妈很容易在孩子心里失去威信，久而久之妈妈说的话孩子也不会听，甚至孩子还会在心中产生厌恶妈妈的情绪。

无数事例证明，妈妈以居高临下的姿态来关心孩子，反而会使孩子产生逆反心理。只有妈妈转变姿态，像对待朋友那样去关爱子女，才有可能让孩子感受到平等。

妈妈只有"蹲下来"和孩子说话，真正同孩子建立一种平等尊重的朋友关系，才能使彼此拉近距离，相互敞开心扉，更好地进行沟通和交流。

无论孩子的想法多么幼稚，也无论听起来多么没有道理，妈妈也要学会耐心倾听，让孩子尽情倾诉。妈妈还应该再学会多问一些为什么，比如孩子为什么会产生这样那样的想法，孩子为什么会认为自己的想法有道理，孩子为什么不赞同妈妈的看法等等。

只要这样做了，妈妈与孩子之间的沟通和交流才会越来越多，越来越通畅。也只有这样，妈妈对孩子的教育才会越来越容易，妈妈同孩子之间的紧张关系才会越来越改善，家庭才会越来越和睦。有句话叫"家是休息的港湾"，这句话不仅针对夫妻如此，针对妈妈如此，同样对于孩子们也是如此。

总之，"蹲下来"和孩子说话，是增强孩子独立意识的有效方式。"蹲下来"说话，不仅仅是一种行为的表现，还是一种教育观的体现。只有怀着崇高的责任心和热切的期望才能"蹲下来"；只有把孩子看做是平等的个体才能"蹲下来"。

而只有"蹲下来"，妈妈才能平视孩子，才能获得和孩子坦诚交流的机会，才能真正明白孩子心中所想以及他们行为的真实动机。

尊重孩子的说话权，做会"听话"的妈妈

露露是小学 4 年级的学生，最近，张老师发现露露变了。

露露以前活泼开朗、上课积极发言，现在却变得沉默寡言，总是一个人发呆，学习成绩也下降了。老师经过细心的了解，才知道了露露不爱说话的原因。

露露以前是个很活泼的孩子，每天放学回家后，都会把学校发生的趣事说给妈妈听，可露露的父亲是个对孩子要求非常严格的人，他把全部希望都寄托在露露身上，希望露露将来能考上大

学，出人头地。

因此，妈妈对露露的学习抓得特别紧。他们觉得露露说这些话都没用，简直是浪费时间，因此露露兴高采烈地说话时，父亲总是会打断他："整天只会说这些废话，一点用也没有，你把这心思放在学习上多好，快去做作业！"

一次露露说班里发生的一件事，正说得兴高采烈时，父亲说："说了你多少次了，让你别说这些废话，你还说，再记不住，看我不打你！"吓得露露一个字也不敢说，回到自己房间里去了。

慢慢地，露露在家里话越来越少了，每天放学都闷在自己的房间里，因为父亲也不让她出去玩，渐渐地，她的性格也就变了。

从露露的情况来看，亲子之间的沟通交流是影响亲子关系、孩子性格发展的重要方面。许多妈妈都忽视了与孩子的交流。不重视对孩子的倾听，时间久了，不良的影响就会表现出来。

各位妈妈检查一下，平时的你是否有以下行为：

不注意孩子倾诉的需求，当孩子有话与你说时，总是以"忙"为由，不去倾听。孩子兴致勃勃地诉说时，你经常不耐烦地将其打断。

生活中，大多数妈妈对孩子在生活上十分关爱，可在真正平等地对待孩子、注意孩子自尊等方面做得却很不够。

孩子学习和生活上有什么问题，在向妈妈诉说时，稍不如意，就被打断。妈妈不让孩子把话说完，轻则斥责，重则打骂，对此，孩子只能将话咽回去。据某一项调查，70%以上妈妈承认没有耐心听孩子说话。

一旦孩子的想法得不到妈妈的重视，他们只能把自己的秘密埋藏在心里，做妈妈的也就很难知道孩子的所思所想，这样对孩子的教育就会无所适从。

孩子的说话权得不到妈妈的尊重，久而久之，孩子就会与妈妈产生对抗情绪，以至双方相互不信任，沟通困难。

妈妈不让孩子把话说完，一方面不利于孩子语言表达能力的提高，另一方面也使孩子产生自卑情绪。孩子对着妈妈诉说内心的感受，是提高表达能力、增强社会交往能力的极好机会。

孩子都渴望有人听自己说话，在大多数的情形下，孩子与妈妈不能沟通，就是因为只有人说话而没有人听。如果妈妈们能多尊重孩子的说话权，对孩子的倾诉多一点耐心，不急于打断孩子的话，那么孩子遇到事情时就会乐于向妈妈倾诉，与妈妈建立良好的沟通。

当孩子说话时，无论妈妈有多忙，一定要用眼睛看着孩子，不要随意插嘴，尽量表现得你听得很有兴趣。让孩子发表他的观点，完整地听他所讲的话，如果你在某一重要原则上表示不同意他的看法，应告诉他你不赞同他的什么观点，并说出理由。

在提出反对意见时不要过于武断，不应否定一切。即使孩子是在胡说八道，也要控制你的火气，不妄下定论，直到完全理解清楚。

妈妈应尽可能地与孩子交流。而且，应该试着用不同方法使得孩子愿意与妈妈交流。作为妈妈，在倾听孩子说话时，理应更加细心，更加富有同情心。妈妈应该努力地尊重孩子，从而营造出更加友好的语言氛围。

同时，妈妈应该学会正确"听话"，不打岔、不否定、不责备，以便孩子可以畅所欲言，也便于妈妈看清孩子的内心世界，在此基础上才能创造更多与孩子交流的机会。

每个孩子都有自己的心声，需要有个会"听话"的妈妈来倾听。妈妈尊重孩子的说话权，积极做个会"听话"的妈妈，才能够真正了解孩子的想法和感受，亲子之间才能良好沟通，建立和谐的关系。

80/20——与孩子对话的黄金法则

作为妈妈的你是否经历过这样的情况：当你拖着疲惫的身体，努力地打起精神，准备和孩子好好沟通沟通时，不是被孩子三言两语给打发了，就是被噎得半天回不过神来。不但不能达到了解孩子的目的，还惹得一肚子气，逐渐丧失了和孩子谈话的兴趣，以至于越来越不了解孩子，越来越不知道该怎样教育孩子。因此，妈妈一定要学会与孩子交谈的技巧，而这个技巧，就是有名的80/20法则。

1897年，意大利经济学家帕累托偶然注意到英国人的财富和收益模式。他发现，社会上的大部分财富被少数人占有了，而且这一部分人口占总人口的比例与这些人所拥有的财富数量具有极不平衡的关系。于是，帕累托从大量具体的事实中归纳出一个简单而让人不可思议的结论：如果社会上20%的人占有社会80%的财富，那么可以推测，10%的人占有了65%的财富，而5%的人则占有了社会50%的财富。这样，我们可以得到一个让很多人不愿意看到的结论：

一般情况下，我们付出的80%的努力，也就是绝大部分的努力，都没有创造收益和效果，或者是没有直接创造收益和效果。而我们80%的收获却仅仅来源于20%的努力，其他80%的付出只带来 20% 的成果。

显然, 80/20 法则向我们揭示了这样一个道理, 即投入与产出、努力与收获、原因与结果之间, 普遍存在着不平衡关系。小部分的努力, 可以获得大的收获。起关键作用的小部分, 通常就能主宰整个组织的产出、盈亏和成败。

所以, 我们做事情应该要把自己的精力花在重要的少数问题上, 因为解决这些重要的少数问题, 你只需花 20% 的时间, 即可取得 80% 的成效。而和孩子谈话, 亦是如此。

妈妈和孩子能够顺利地交流思想, 对于相互之间保持良好关系非常重要, 妈妈都希望孩子和自己讲讲他们内心的感受, 这样妈妈就可以理解和帮助他们。如果我们问妈妈:"你经常与孩子交流吗? "

得到的回答常常是:"当然啦, 我们经常说, 可他一点也不听。"

其实, 妈妈所谓的交谈, 其中很大一部分是唠叨、批评、说教、哄骗、威胁、质问、评论、探察、奚落……这些做法不管出发点是多么好, 都只会使相互间的关系更加紧张和充满敌意。试想, 如果孩子是你的朋友, 你总是板起面孔不管不问地说一大堆, 你们的友谊还能维持多久?

妈妈们常常犯一个重要的错误, 就是她们说得太多。她们过早地对孩子进行长篇大论式的谈话, 并且还常用一些孩子听不懂的词。那些在孩子很小的时候就开始对他们讲大道理的妈妈发现, 随着孩子年龄的增长, 他们变得越来越不好管教。当他长到十几岁时, 他的妈妈又试图用严厉的惩罚来对待他们, 但是已经听惯了大道理的孩子会比一般的孩子更不接受这种惩罚。

所以，要根据孩子的年龄和成熟程度把握好谈话的"度"。美国著名的成功学大师在教导人们怎样对话的时候，建议我们把80%的时间留给对方来发言，把剩下的20%的时候拿来提一些能够启发对方说下去的问题。可以说，对话的过程重在倾听，妈妈们更是要懂得这个法则。

一般而言，最好对年龄小的孩子侧重管教，而对大孩子则多交谈。例如，告诉2岁的孩子电源是危险的不能碰，就不如把他的手一把拉开并严厉地说"不能碰"，更能使他立即理解你的意思。

可是，如果你不对一个13岁的偷偷抽烟的孩子详细地解释尼古丁的害处，而是简单地责罚他，那么将不能收到好的效果。在这些青少年的世界中，他们需要大量的空间去表达自己、需要耐心的听众。妈妈们多多倾听，让他们说出自己的想法，并且及时解答他们的疑惑。这就像大禹治水，重在疏导，而不是想办法用东西堵塞。

当孩子厌烦了你的话语，甚至一听你的谈话就蒙着耳朵钻进被子里，不妨巧妙地运用80/20的黄金法则，作为妈妈的你就会发现其实我们可以花最少的力气取得最好的效果。

用好身体语言比说好口头语言更重要

妈妈与孩子之间的沟通障碍其实很大程度来自肢体语言。妈妈的表情、口气和交谈时的肢体动作传达感情的程度决定了亲子之间的沟通质量。

心理学家认为，在人际交往中，身体语言能比口头语言传递更多的信息。我们用语言所传达的信息不会超过所有信息的 30%，而其余 70% 的信息是通过非语言的方式进行表达的。而在与年龄较小的孩子交往时，这种比重相差更加悬殊。据研究，在孩子语言能力没有成熟前，妈妈与他交流时，这种非语言的表达方式能占 97% 的比重。

其实孩子对于妈妈的表情的敏感程度，远远超过了妈妈的想象。曾经有这样一个实验：让妈妈面无表情地看着 6 个月大，正在笑的孩子，结果，不一会儿，孩子就不再笑了。当妈妈离开后，再次回到孩子身边时，他根本就不看妈妈，故意不理会妈妈。实验证明，面无表情或抑郁寡欢的妈妈会很容易刺伤孩子的心。孩子虽小，但他却能清晰地从妈妈的表情、动作上感觉到妈妈的态度。

大一点的孩子更不用说了，他们更善于观测妈妈那些语言之外的东西。因此妈妈在与孩子的交往中，不仅要留意自己的身体语言所传达的信息，也要学会读懂孩子的身体语言。

一个 5 岁的孩子撒了谎，对妈妈说："窗帘不是我弄脏的。"他很可能会在说完之后立刻用一只手或双手捂住自己的嘴巴；如果不想听父母的唠叨，他们会用手捂住自己的耳朵；如果看到可怕的东西，他们会捂住自己的眼睛。当孩子逐渐长大以后，这些手势依旧存在，只是会变得更加敏捷让别人越来越不容易察觉。而在教育孩子的过程中，妈妈可以适当地运用肢体语言，这样可以强化妈妈口头语言的使用效果。特别是对年龄偏小的孩子来说，妈妈的肢体语言可以使他们柔弱的心灵受到莫大的安慰，例如，一个鼓励的眼神、一个温暖的拥抱，都会使他们觉得温馨，具有安全感。

又如在一些日常的小事中，妈妈也常可以利用肢体语言缓解孩子的心情。

孩子想妈妈了、被别的小朋友欺负时，可以把孩子搂在怀里，脸贴着脸，缓缓地拍着他的背部，嘴里可以轻轻地说些安慰话，孩子那颗惊恐失措的心会渐渐趋于平静。同时，在和孩子谈话时蹲着，让孩子平视你，当他说话不着边际时，妈妈都微笑着等他说完再发表见解，可以伴些手势和面部表情，使孩子觉得自己像大人一样被尊重。

或者和孩子玩游戏时，调皮的孩子故意耍赖，妈妈要么刮他们的鼻子，要么摸摸他们的头，再不然就亲亲他们……这时候孩子们开心极了，他们会围着妈妈又蹦又跳，显得异常的开心。

总之，除了正常的语言交流外，妈妈给予孩子的一个适时的拥抱或者一个轻轻的吻，都可以很好地激发孩子的积极性，让他们体会到妈妈的可亲可敬。而且对于那些调皮捣蛋的孩子来说，当他们犯了错误的时候，妈妈一个严厉的眼神，也许比责骂更有效果。

妈妈的一颦一笑，甚至同一句话使用的不同口气，都可以成功地向孩子表达自己的感情。适当地运用肢体语言，多给孩子一份关爱，妈妈们就一定会多收获一份欢乐，就让妈妈们多用一些肢体语言拉近与孩子之间的距离吧！

做积极倾听的妈妈，耐心地听孩子把话说完

一位母亲问她 5 岁的儿子："假如妈妈和你一起出去玩时渴了，一时又找不到水，而你的小书包里恰巧有两个苹果，你会怎么做呢？"

儿子小嘴一张，奶声奶气地说："我会把每个苹果都咬一口。"

虽然儿子年纪尚小，不谙世事，但母亲对这样的回答，心里多少有点失落。她本想像别的父母一样，对孩子训斥一番，然后再教孩子该怎样做，可就在话即将出口的那一刻，她突然改变了主意。

母亲握住孩子的手，满脸笑容地问："宝贝，能告诉妈妈你为什么要这样做吗？"

儿子眨眨眼睛，满脸童真地说："因为……因为我想把最甜的一个留给妈妈！"

那一刻，母亲的眼里隐隐闪烁着泪花，她在为儿子的懂事而自豪，也在为自己给了儿子把话说完的机会而庆幸。

可以想象，如果上文中的妈妈开口训斥了孩子，那么她很可能听不到孩子的内心想法了，这样的误解和责怪不仅伤害了孩子的心灵，还破坏了良好的亲子关系。然而生活中，这样做的妈妈很多很多，所以才有那么多母子之间沟通有问题。其实，很多时候，妈妈多有点耐心听孩子把话说完，就能起到完全不同的效果。

耐心听孩子说完，是一种积极的倾听，但是积极倾听不完全

是指默默地在一边听对方说话。积极倾听的核心是以平等的姿态，鼓励对方说出真心话。倾听者要暂时忘记自己或把自己的评判标准放一边，不管你对对方的言语或行为持赞成、欣赏还是批判、反对的态度，都要无条件地接纳对方，积极倾听关注更多的不是话语，而是对方的心理。积极的倾听不仅要感同身受地去体会对方的心情，而且要引导对方抒发情绪，宣泄不满、愤懑、悲伤、快乐、喜悦……

妈妈平日在生活上非常关心孩子，可在真正平等地对待孩子、关注孩子心理健康方面做得却很不够。孩子遇到一些问题，在向妈妈诉说时，不是经常被打断，就是不被重视，甚至是被指责。所以孩子只能将很多话咽回去。有时，妈妈只是机械地听孩子诉说，体会不到孩子在倾诉时的情绪，这种情况下，孩子的想法得不到妈妈的重视，他们只能把自己的秘密埋藏在心里，做妈妈的就很难知道孩子的所思所想，这样妈妈对孩子的教育就会无所适从。另外，妈妈不尊重孩子的说话权，久而久之，孩子就会对妈妈产生反抗情绪，导致亲子沟通出现问题。一份调查显示：70%～80%的儿童心理卫生问题和家庭有关，特别是与妈妈对孩子的教育和交流沟通方式不当有关。另外，妈妈不懂得倾听孩子，也会从侧面限制他语言能力和社交能力的发展。

要学会积极倾听，最简单也是最重要的就是当孩子说话时，无论你有多忙，一定要用眼睛看着孩子，不要随意插嘴，尽量表现出你听得很有兴趣。让孩子发表他们的观点，完整地听他所讲的话。对于青春期的孩子更是如此。

很多青春期的孩子往往有较强的逆反心理，他们不喜欢听妈妈说话，更不愿向妈妈倾诉心事。但是如果他们向您谈起自己的往事时，请千万要耐心、感同身受地去倾听。他告诉妈妈，证明他在努力向妈妈敞开心扉，试图缩小与妈妈的心理距离。当他们说出曾经所受的伤害时，就应当去接受，去理解，去发现更能治疗"伤疤"的方法。如果你在某一重要原则上不同意他的看法，应告诉他你不赞同他的什么观点，并说出理由。当孩子被积极倾听了，他也更加愿意倾听妈妈的话。

第二章
妈妈应该学习的五大权威教育方法

每个妈妈都有自己教育孩子的方法，但是都有利有弊。所以，妈妈可以多参考一些权威的教育方法，吸收其精华，找到适合自己孩子的教育方法。

卡尔·威特：全能教育法

把一个出生后被认为有些先天不足、痴呆的婴儿呕心沥血地培养成了一位举世瞩目的"神童"，这不能不说是教育史上的奇迹。创造这个奇迹的人就是老卡尔·威特。

1800年7月，在德国一个叫做哈萨克勒洛赫的小村庄，一个孱弱的小生命哭叫着诞生了。

老来得子，本当欣喜若狂，可面对着一生下来就四肢抽搐、呼吸急促的儿子，孩子的父亲老威特却抑制不住地悲伤起来，很明显，这是一个先天不足的孩子。

面对着邻居们的议论和妻子的绝望，老威特渐渐镇定下来，在给堂弟的一封信中，他这样写道："我52岁才得到一个儿子，怎么会不爱他呢？我要用我以为正确的方法去爱他。我已经制订出周密而严格的教育方案。现在儿子看起来虽然毫无出色之处，但我必将他培养成非凡的人。"

老威特在信中说到的他以为正确的方式，便是早期全能教育法。运用这套方法，老威特培养出了19世纪德国的一个著名的天才。卡尔·威特八九岁时就能自由运用德语、法语、意大利语、拉丁语、英语和希腊语这6国语言；并且通晓动物学、植物学、物理学、化学，尤其擅长数学；9岁时他进入了哥廷根大学；年仅14岁就被授予哲学博士学位；16岁获得法学博士学位，并被任命为柏林大学的法学教授；23岁他发表《但丁的误解》一书，成为研究但丁的权威。与那些过早失去后劲的神童们不同，卡尔·威特一生都在德国的著名大学里授学，在有口皆碑的赞扬声中一直讲到1883年逝世为止。

卡尔·威特的成才在当地引起了巨大的轰动，随后，老威特将卡尔长到14岁以前的教育写成了一本书，这就是《卡尔·威特的教育》。书中详细地记载了卡尔·威特的成长过程，以及自己教子的心得和独辟蹊径的教育方法。

老威特教育理论的核心是：孩子成为天才还是庸才，不是决定于天赋的多少，而是决定于出生后的早期教育；教育孩子应先从提高母亲的素质做起；催逼会毁灭天才；当孩子智力的光芒刚刚出现时，对他的教育就应该开始了。

在他看来，天才的教育就是让孩子内心潜藏着的能力发挥到十成。他坚信著名教育家爱尔维修的观点：即使是普通的孩子，只要教育得法，也会成为不平凡的人。

把卡尔造就成身体和精神全面发展的人才，让他从小就享受真理的滋味，比任何一个儿童都幸福，是老威特的教育理想。为了实现他的教育理想，老威特制订了严密的教育方案，发明了很多具体的教育方法。

老威特说："我只是想让卡尔能够成为一个接近完美的人，只是想让他的一生充满情趣，在幸福之中度过，仅此而已。"这是一个父亲对孩子的期望——完美，相信也是所有妈妈对孩子的期望。那么赶快行动起来吧，借鉴老威特的全能教育法，努力把孩子培养成全面发展的人才，让他的一生都充满快乐和幸福。我们可以从以下 5 个方面来了解学习老威特独特的教育法：

第一，为了让卡尔全方面地发展，老威特不仅教给他很多"有用"的东西，也教给他很多在别人看来无用的东西。

比如老威特教会卡尔认识了池塘水中的倒影、阳光下的阴影，他还会很有兴趣地注视自己的手的影子，小手一翻一翻的，非常有乐趣。

这些可以帮助卡尔扩大视野，扩展联想的范围，形成更多的情感，因为艺术在很大的程度上是抒发人的思想感情。

老威特对卡尔爱好的培养都经过了精心的安排，首先从住宅开始做起。老威特在住宅的房间中，决不放置任何没有情趣和不协调的东西。墙上贴着使人心情舒畅的墙纸，并且在上面挂上经过精心挑选的有边框的画，还尽力在室内摆设很有情趣的器具，决不摆设任何不合身份的东西。

如果有人赠送的礼物和家具的陈设不谐调，老威特决不会摆出来。在衣着上，全家人都极为讲究，不仅是老威特自己，他也要求家人衣帽整齐，打扮得干净利索。

老威特在住宅的周围修上了雅致的花坛，栽上那些各色各样从春到秋常开不败的花卉。他从来不会种植那些没有情趣和不协调的花卉。

另外，老威特还培养卡尔的文学爱好。老威特从小就给他讲一些有趣的故事，到他能够自己阅读之时，老威特把一些好的文学作品推荐给他。很小的时候，卡尔就成了一个了不起的文学通，他几乎能背下所有的名诗，像荷马、维吉尔这样伟大诗人的作品，他都非常喜爱，并且很早就会写诗。

这正是老威特在教育方面的独创，他摒弃以功利为目的的教育却让自己的孩子日后拥有了很多在他人看来可望而不可即的"荣耀"，原因就是非功利的教育更易调动孩子的兴趣，顺从他的自由本性发挥最大潜力，这一点，也是非常值得借鉴的。

第二，老威特认为教育之重要就在于不蒙蔽孩子的理性，不损坏孩子的判断力。威特父亲的教育方法是严格的，然而并不专制。所谓专制，是指强迫孩子盲从。威特的父亲反对专制，他不论在教育方法上还是在其他方面，都注重讲道理。所以他在批评孩子时，与那些不分青红皂白就斥责孩子的父母不一样，威特的父亲则努力弄清事实，避免错误地批评孩子。在斥责或禁止他做某事时，总是一一说明原因，使孩子先在思想上弄通。决不使孩子在挨了批评后仍不知道为什么。这一点非常重要，因为再没有比父母弄错了事实而错误地批评孩子更糟糕的了。退一步讲，即使父母的斥责和阻止是正确的，如果不让孩子知道其中的原因，那也是不好的。

老威特说，一旦孩子失去正常的判断力，那么他一生就不能正确地判断事物的正误好坏了。他在书中写道：

"如果卡尔对他人说了些鲁莽的话，我并不马上斥责他，而是先立即给对方道歉：'我的卡尔是在乡下长大的，所以才说出这样的话来，请您不要介意。'这时卡尔就已省悟到自己可能说了不合适的话，过后他一定会询问个中原因。等他问我时，我才向他说明：'刚才说的那些话从道理上来讲也没什么不对，而且我也是那样认为的。但是在别人面前那样说就不好了。难道你没有发现，当你说了之后，他的脸都怔得发红了！人家只是因为喜欢你，又碍着爸爸的面子，所以才没有作声。但他一定很生气，后来他之所以一直沉默不语，就是因为你说了那种话。'我这样对卡尔讲明道理，也不会伤害他的判断力。"

为了让父母真正全面地理解这种教育方法的好处，老威特对此作了进一步的论述：

"假设在我向卡尔提出批评以后，他继续反问：'可是我说的是真的呀。'这时我就会进一步开导他：'是的，你说的是真的。但是他很可能想：我有我的想法，你那么小的孩子知道什么。再说即使你说的话是真的，你也没有必要非将它说出来不可。因为那已经是人人皆知的事，你没有发现别的人都是沉默不语吗？如果你认为那事只有你才知道，那你就太傻了。再打个比方，大人指责孩子的缺点本来是理所当然的，因为孩子在成长过程中，有许多缺点，说出来也并不是什么可耻的事。即使这样，人们对你的缺点不是都装着不知道吗？如果你以为人们都不知道你的缺点，那就大错特错了。事实上，人们已知道你的错误但都沉默不语，这是因为考虑你的面子，为了不使你丢脸而已。这样你就明白了人们对你的好意了吧。而你在发现别人的缺点以后应该怎么做呢？也应当这样。圣书上不是说：己所不欲，勿施于人吗？道理就是这样。所以在人面前，揭别人的短是很不好的。'"

听了上面的开导后，孩子由于年幼肯定还是感到困惑，因为他们的心理还不像成年人那样复杂，而且这种处世方法很可能被视为不诚实或过早地世故。但老威特觉得父母这样做有他的道理，且听他是怎样对卡尔作出解释的：

"不，不能说谎。说谎就成了说谎的人，伪君子。你没有必要说谎，只要沉默就可以了。如果所有的人都互相挑剔别人的毛病和过错，并在别人面前宣扬，那么世界不就成了光是吵架的世界了吗？那我们也就不能安心地工作和生活了。"

威特父亲的教育方法就是这样的合乎人情。由于他的教育是合情合理的，绝不专制，所以没有蒙蔽孩子的理性，伤害孩子的判断力。当然老威特的这种"成人化"的教育，之所以能取得如此成效，还得益于他对卡尔的语言潜能开发。由于卡尔语汇丰富，通达词义，故一点就透。

世间的一般孩子，由于语汇的限制，父母往往在实施这种合理的教育时就会碰钉子。因此，我们经常发现父母见到孩子在这种场合的表现后，就会当面训斥，有的还拳脚相加，还怪罪自己的孩子不懂礼貌，但就是不检查一下自己的教育方法。这也从另一个侧面表明，为了使孩子更加明辨事理，必须尽早教给孩子以丰富的语言知识。

第三，老威特的教育理念，是要造就身体和精神全面发展的人才，所以他重视德、智、体全面发展，尽管他在书中没有着重写体育，但是卡尔从小就是一个健康，精神饱满的活泼少年，并且一生都是健康的。从这一点来看，他对卡尔的体育锻炼还是有一套办法的。

天气晴朗时，老威特和妻子把卡尔带到田野里，让他眺望绿色的原野。并且，老威特非常注意让卡尔的身体能自由自在地活动不把他包起来，以免妨碍他手脚自由活动，也不给他围围巾，以免把嘴和脸弄歪。天气好时经常让他在屋外睡觉，以便接受阳光浴，呼吸新鲜空气。当他在屋内睡觉时，在洁白的床上铺上鸭绒褥，便于他的手足自由活动。因为这种活动就是婴儿的运动，所以婴儿睡觉，决不能像布娃娃那样把他裹得紧紧的。因为一个健康的人需要的是自由而不是束缚，哪怕这种束缚看起来很舒适。

卡尔6周时，长得很大，像4个月的孩子，这是威特夫妇让

123

他经常呼吸新鲜空气，进行运动的结果。这儿所说的运动是从他两三周时开始，比如让他在光滑的木棍上作悬垂运动。生物学的理论说："个体发育是整体发育的短暂重复。"所以婴儿是可以像猿猴那样在木棍上作悬垂运动的。当然，这不可以勉强地做，还有一种训练是让孩子抓住父母的手指，由于婴儿的"把握反射"，他就像吊单杠一样用力拉起自己的上身。等到两个月大反射消失时，他的胳膊已经活动得相当有力，这可以为提前进行爬行训练创造条件。

老威特还培养孩子喜欢洗澡的天性。"如果水温过高或过低，孩子就不愿洗澡，所以，我一开始就注意调节水的温度。我和妻子每天都给卡尔洗澡、按摩手脚，这样既能发展他的触觉，又能促进血液循环和肢体的灵活。"从卡尔1岁时起，老威特就教他洗脸、洗手、刷牙，一天要洗几次，早起和晚上睡觉之前都要刷牙，卡尔吃完食物后，也让他刷牙，并且从小就教他用手绢擦鼻涕。

老威特把卡尔是否能自由自在地活动看得非常重要，有一次甚至还为此而发脾气。

有一次，老威特和妻子去教堂做弥撒，家中只有女佣和卡尔。女佣是个非常善良的女人，她总是很细心地照顾卡尔。可是，当老威特和妻子回到家时，发现卡尔被严严实实地裹在被子里，满脸通红，"哇哇"大哭着，于是，老威特不顾他们的阻拦，揭开了包裹在卡尔身上的被褥，仍然让他在床上自由自在地活动，只是又往壁炉里加了一些柴火，这时，卡尔不再哭了，他显得非常高兴，非常满意。

愉快是健康的关键，老威特很注重为卡尔营造良好的氛围，周围的气氛阴郁，孩子必然会消化不良、身体不健康，因此，孩子居住的房间从最初起就应是令人心情愉快的。

　　这样，经过营养和体能两方面的精心培育，卡尔从体弱多病的婴儿长成了一个健康活泼的孩子。

　　人们常常以为，健身是成人的事情，襁褓中的婴儿还太小，他们连爬都不会，怎么能锻炼他们的体能。还有人认为婴儿骨骼脆弱，容易受伤。因此也不适合进行体能训练，如果进行锻炼，对他们的健康也没有什么好处。而老威特却不这么认为，他相信"健全的精神寓于健全的身体。"所以他从一开始就对卡尔进行体能训练，为其全面发展打下了良好的基础。

　　第四，充分发挥儿童的潜能是卡尔·威特教育法的目的，这也是老威特的教育理想。他认为世上天才不多的原因就是没有对儿童进行适当的教育，以至于孩子的潜在能力得不到充分的发挥。如果能尽早地挖掘潜能，并引导孩子发挥出这种潜能，这样就能培养出伟大的天才了。

　　儿童虽然具备潜在能力，但这种潜在能力不是一成不变的，而是遵循一定的规则在变化。在老威特看来，儿童潜能是递减的，比如说生来具备 100 度潜能力的儿童，如果从一生下来就给他进行理想的教育，那么就可能成为一个具备 100 度能力的成人。如果从 5 岁开始教育，即便是教育得非常出色，那也只能成为具备 80 度能力的成人。而如果从 10 岁开始教育的话，教育得再好，也只能达到具备 60 度能力的成人。这就是说，教育开始得越晚，儿童的能力实现就越少。这就是为后人熟知的著名的儿童潜能递减法则。

　　他认为如果一棵树以正常状态生长，它能够长 30 米高，那么这棵树就具有可以长到 30 米高的可能性。同样，一个孩子要是在理想的状态下成长，可以成长为一个智商高达 100 分的人，因此我们就认为这个孩子具有 100 分的高智商。具有这种智商的人就是天才，而这种天赋是人人内心都潜藏着的，因此只要对孩子进行适当的教育就可以让他成为天才。

根据儿童潜能的递减法则，某种智力发展的这个最佳期非常关键，它对人一生的智力发展都起着决定性作用，千万不要错过。对儿童早期智力开发的关键，就是抓住最佳期。

老威特指出，任何动物的潜能都有各自的发达期，而且这种发达期是固定不变的。倘若不让它在发达期得到发展，那么以后也很难发展了。

儿童潜能递减法则是实践经验的总结，所以教育孩子的第一要旨就是要杜绝这种递减。而且由于这种递减是因为未能给孩子发展其潜在能力的机会致使枯死所造成的，因此，教育孩子的最重要之点就在于要不失时机地给孩子以发展其能力的机会，也就是说要让孩子尽早发挥其能力。

儿童心理学指出，儿童的最佳发展时机是在婴幼儿期，即从生下来起到3岁之前。我们说，这个时期是天才核裂变的时期。

第五，为了把卡尔培养成全面发展的人，老威特尽自己所有的可能培养卡尔的好习惯，老威特坚信：一个孩子的精力若不用到有益的方向，就会成为破坏的力量，而只要养成了勤恳的习惯，恶魔便无机可乘了。

但是，在提倡陶冶孩子品行的同时，老威特也认为，如果一个人心底只有善良，只有同情心，那么这种善良的泛滥就很可能淹没他对是非的辨析能力。也可能让人变得懦弱可欺，甚至在无力维护善良的情况下最终走向善良的反面。所以，真正品格教育的核心绝不是让孩子去无休止，不加辨别地奉献，而是在教孩子学会善良，更应让他们学会去维护善良。

小卡尔最终能够成为一个有爱心的人，与老威特的家庭教育密切相关。老威特在教育卡尔的时候，不是只让他记住一系列的规范，因为简单的背诵不会对他的行为产生影响，而是在平常生活的言行中去让他体会真正的爱心，真正的善良。

他告诉卡尔，做一个高尚的人是最大的幸福。高尚的人能够理解别人的思想，能够体会别人的情感，高尚的人能克制自己，能够减轻他的痛苦，能替他人分忧。

这样，卡尔很小就懂得，做一个高尚的人比那种单纯是学识渊博的人更能得到别人的尊重。

为了使卡尔培养善良的品德，他母亲给他绘制了品德表，一周一张，内容有：服从、礼节、宽大、亲切、勇敢、忍耐、诚实、快活、清洁、勤奋、克己、好学、善行。如果卡尔做了与这些项目相符的行为，就在那天的一栏中贴上一颗金星，反之，则贴上一颗黑星。每个星期六数一下，若金星多的话，下周内就可得到和金星数相等的书、鲜果、点心等，如果黑星多，就不能得到这些奖品了。

卡尔的母亲就是从生活中的一些小事开始，一点一滴地培养卡尔的善行，并教会他做人的道理。

如果家长希望孩子长大后具备爱心，同情心及责任心，那么不妨从现在开始，学习老威特的方法。

老威特不仅告诉卡尔：帮助别人是爱心的表现，是来自千万人心底里的善良，善良是人掌握在手中的最有力的工具，它具有无穷的力量，而且常常带卡尔接触大自然，他认为这能使孩子的心地善良，因为自古以来与大自然感情融洽的人都是心地善良宽厚的人。

而且，与大自然接触不仅可以使孩子身体健壮，还会让孩子的精神也旺盛起来。城市里的孩子多因远离大自然，很少呼吸新鲜空气而心情不佳或性格乖张。有鉴于此，老威特就带卡尔到森林中去玩。他在森林中教给卡尔诗人们歌颂自然的诗。在晴朗的天气中，呼吸着新鲜空气，立足于肃静的天地朗诵古人的诗，是非常愉快的。

凡与卡尔相识的人都夸他"像天使般纯洁"。他是个非常虔诚的富于情感、温和可亲的孩子，他从未与人争吵过。对待自然，不要说动物，就是一朵野花，也舍不得乱摘。这正是老威特精心而得法地对他进行教育的结果。

卡尔·威特的教育方法不仅把自己的孩子培养成了天才，还影响了很多人。其中包括美国著名心理学家塞德兹博士和宾夕法尼亚州大学语言学教授斯托夫人。他们在研读了《卡尔·威特的教育》以后深有感悟，开始借助书中的方法并加入自己的理解训练孩子。结果，小塞德兹11岁就考入哈佛大学，斯托夫人的女儿维尼夫雷特3岁就会写诗歌和散文，5岁就已经在报刊上刊登文章了。而在200年后的中国，著名的"哈佛女孩刘亦婷"的母亲正是在这种教育方法的启迪和指导下，将女儿培养成为出色的人才。

蒙台梭利：特殊教育法

玛丽亚·蒙台梭利（1870年8月31日~1952年5月6日），意大利第一位医学女博士，继福禄贝尔后又一位杰出的幼儿教育家，也是世界上第一位杰出的女性学前教育家。蒙台梭利最初研究智力缺陷儿童的心理和教育问题，后来致力于正常儿童的教育实验，创办了举世闻名的"儿童之家"。她撰写的幼儿教育理论著作已经被翻译成为 37 国文字，对现代儿童教育的改革和发展产生深刻的影响。她坚信，心理缺陷和精神病儿童，通过运动和感觉训练活动，可以使身体协调，智力也能得到发展。

1894 年，蒙台梭利毕业于罗马大学医科，成为意大利第一位女医学博士，名震全国；在任罗马大学精神病诊所助理医师期间，她开始对智力迟钝儿童的教育问题感兴趣。她接触到了白痴儿童（在当时白痴和疯子同被关在疯人院），对他们也由同情地帮助解决生活困难，转而开始研究智障儿童的治疗及教育问题，于是她开始阅读当时塞根关于特殊教育的著作与伊塔对这方面的研究报告。在精神病诊所的这两年工作中，她察觉到："儿童除了食物之外，还会在屋子里面到处乱抓、乱摸，找寻可让两手操作的东西，以练习他们的抓握能力。"这种认识奠定了她教育理论中，"发展智力需要透过双手操作"的基本理论。并且由这两年的体验，她提出了对低能儿童教育的看法："要克服智能不足，主要还得靠教育的手段；不能只用医药去治疗。"一改传统尽以药物治疗低能儿的偏执做法。

她认为，儿童心理缺陷和精神病患的主要问题是教育问题，而不是医学问题，教育训练比医疗更为有效。缺陷儿童教育的成功给了她新的启示：既然缺陷儿童通过教育能够达到正常水平，那么正常儿童通过训练和教育，不是可以达到更高水平吗？于是，她开办"儿童之家"，转而从事正常儿童的教育工作。这是她教育生涯中的一个重大转折。她以一个社会和教育改革者的面貌出现在儿童之家，尽最大努力打破传统的学校的教育方法，不带任何先入之见，一切从观察研究儿童及其家庭环境入手；并以儿童和家长的朋友的身份出现，热爱关心儿童，为儿童设计各种教育方案。经过不断探索和总结，她建立了自己独特的幼儿教育理论和方法，引起了社会的广泛而强烈的反响，促进了现代幼儿教育的发展。她对世界学前教育的巨大贡献不仅在于创立了蒙台梭利教育法，而且在于她以长期的宣传和实践推动了世界学前教育的发展。她的学前教育课程被后人称为蒙台梭利方案。

英国教育家赞誉她为"20世纪赢得世界公认的推进科学和人类进步的最伟大科学家之一"。在日益重视素质教育的中国，以她的思想为基础创立的蒙台梭利婴幼儿早期教育班也越来越受到家长的青睐。

蒙台梭利的幼儿早期教育主要可以归纳为以下几方面：

第一，从0岁开始的早期教育，是人的智能开发和训练的最佳时期。孩子年龄越小，智力发展的可能性越大。如果剥夺了孩子这一最佳时期受教育的权利，对孩子的发展就会事倍功半，甚至劳而无功；如果完全剥夺孩子这一早期教育的权利，孩子的智能将被无情地埋没。

第二，对孩子各种感觉训练和智力潜能的开发，有着（0～6岁）年龄段的关键期和敏感期。

第三，对婴幼儿的早期培养要坚持持续性，要把婴幼儿看做连续发展着的个性，要看到这个个体与环境的交互作用。

第四，把儿童的学习活动加入"工作"的含义。

第五，通过感觉教育（触觉、视觉、听觉、嗅觉和味觉等感官的训练），把感官作为心灵的窗户。

蒙台梭利认为干涉儿童自由行动的教育家太多了，一切都是强制性的，惩罚成了教育的同义词。她强调教育者必须信任儿童内在的、潜在的力量，为儿童提供一个适当的环境，让儿童自由活动；同时，对婴幼儿的早期培养要坚持持续性，要把婴幼儿看做连续发展着的个体，要看到这个个体与环境的交互作用；在蒙台梭利看来，从 0 岁开始的早期教育，是人的智能开发和训练的最佳时期，在这段时期，父母应尽量给宝宝提供多元感官刺激，有意识地训练宝宝的视觉、听觉、嗅觉、味觉、触觉和语言能力。

蒙台梭利教育的首要条件是给儿童提供一个适宜的环境，蒙台梭利在"儿童之家"精心创造了一个特殊的世界。她努力将儿童置于成人干涉最少，而自我教育机会最多的环境之中。这种环境不仅是物质的，还包括精神的。物质方面，在"儿童之家"每一样东西的大小都与幼儿的身材相称，并都轻巧，位置便于他们取用，用完后都小心依次放置，保持美丽、光泽与完美，对儿童富有吸引力。精神方面，教师是创造良好精神环境的使者，所以，教师必须进行准备。

第一，需要学会沉默的能力以取代表达的技能，必须用观察取代灌输式教学；必须以谦恭取代那种自誉为一贯正确的骄傲感。

第二，教师的仪表要有助于赢得幼儿信任和尊重，轻盈和文雅是对教师仪表的基本要求。

第三，关键是要激发儿童的兴趣，使他的整个人格都参与活动。为此，教师必须像火焰一样用它的温暖去振奋、活跃和鼓舞所有的儿童，要想各种办法吸引儿童做各种练习。

第四，不要给予儿童不必要的帮助。当儿童获得专心于某件事的能力之后，教师才可在实际生活的练习中向儿童呈现教具。一旦儿童对某种教育发生了兴趣，教师就一定不要打断他。

在蒙台梭利看来，儿童的兴趣不只是集中于操作本身，而通常是以克服困难的愿望为基础的。如果教师试图帮助他，他常会让教师去做，自己却跑开了。这种不必要的帮助实际上成为儿童天然能力发展的障碍。这些也就是传统教师与蒙台梭利式的教师的主要区别。蒙台梭利要求教师必须意识到在儿童内心深处隐藏着神秘的力量，它是儿童发展的源泉。

其次是提供适宜环境的前提。教师要观察儿童，要了解儿童的需要，要明确儿童其本身应有的能力，在对儿童及其发展的理解（儿童观和儿童发展观）的基础上，才能创造一个能给予儿童这种能力以"保护"并"培育"的环境。所以，蒙台梭利要求教师要首先学会沉默，在沉默中观察，在观察中了解，在了解的基础上为儿童创设最适宜的环境，给予最恰当的引导。

但由于这个"以儿童为本位的环境"其意义并不仅只是环境，而是儿童不久将要面临未来世界及一切文化的方法与手段，因此他必须具备如下条件：

1. 充分发挥儿童的节奏与步调。儿童与成人在心理和生理方面差异悬殊，成人在1小时内的认知和感觉与儿童所经验到的截然不同。儿童以其特有的步调感知世界，获得很多成人无法想象的事情。儿童特有的节奏已成为他们人格的一部分。成人在复杂、多变的文化环境中生存时，必须愈加保护儿童特有的"节奏或步调"所需的环境。

2. 给儿童安全感。人类的孩子比其他动物的成熟要来得迟，因此他们更需要庇护，当孩子的身体感到危险时，用温柔、鼓励的眼神关爱孩子，才能使他们自由、奔放地行动。

3. 可自由活动的场所与用具。儿童必须依靠运动来表现其人格，尤其是他们的内心一定要与运动相结合，才能够充分获得发展。因此，需要能让儿童持续接触能收集、分解、移动、转动、变换位置等可自由活动的用具与场所。

4. 美对儿童是非常具有吸引力的，儿童最初的活动是因美引起的，所以在儿童周围的物品，不论颜色、光泽、形状都必须具有美的感觉。

5.必要的限制。儿童的周围不可有太多的教材或活动的东西。太多的东西反而使儿童的精神散乱迷惑，不知该选择何种教材或从事何种活动。以至不能将精神集中在对象上。为避免儿童做不必要的活动，而导致精神疲惫、散漫，教材及活动必须有某种程度的限制。

6.秩序。儿童的秩序感以两岁为高峰，其后的数年间，儿童的秩序是极特殊的，这个时期秩序感与儿童的关系就像鱼和水、房子与地基。事实上，儿童会以秩序感为中心，运用智慧，进行区分、类比的操作，将周围的事物加以内化。要是没有秩序的话，一切事物将产生混乱，儿童会因而失去方向感。所以，秩序必须存在于有准备的环境中的每一部分。

7.与整个文化有连贯性。所谓"秩序存在于有准备的环境中的每一部分"，就意味着秩序应包含于拓展儿童智慧的教材中。这种秩序可使儿童能真正认真地去进行"真实的生活"。能够独立专注于自己世界内活动的儿童，才能真正在下一个阶段的成人世界中活动。

蒙台梭利不赞同传统的教育理念——同龄的孩子在一起游戏或者学习更容易促进儿童的身心健康发展。因为他们的发展水平差距有限，教师更容易掌握儿童的发展状况，从而提供一个更合适的发展空间。而混龄班中不同年龄的儿童的角色是固定不变的，岁数大的儿童总是以哥哥姐姐的位置自居，一直是处于照顾别人、比别人强的地位；而年龄小的孩子则永远是弟弟妹妹。始终处于被照顾关爱弱者的地位。

她认为，不同年龄幼儿间的互动对其智力，特别是思维能力发展是非常有意义的。当不同年龄幼儿间发生认知冲突时，年长幼儿充当了"小老师"的角色，给弟弟妹妹讲解他们掌握的知识，这促使他们更深入地理解知识，牢固地掌握技能技巧。当然，这里所说的混龄教育仅限于幼儿园阶段。

在混龄教育活动中，不同年龄的幼儿在一起玩耍，增加了群体互动的复杂性和层次性，与异龄同伴交往带来的角色、心理体验和沟通方式的变化对幼儿提出了新的人际挑战。同时，随着年龄的增长和环境的变化，幼儿个体的角色也在不断变化，在这里是弟弟或妹妹，在那里可能就是哥哥或姐姐，这种变化促使他们不断适应和接受新的角色。混龄教育为幼儿创造了一个较为复杂的、动态的小型"社会环境"，为幼儿情感的发展提供了动力和源泉。

混龄教育为幼儿提供了丰富的情感体验的机会。由于年龄差异以及由此导致的能力差异和经验差异，每个幼儿都拥有区别于以往的角色和地位，不得不面对复杂的关系情境。在混龄教育活动中，一名幼儿既可以是老师的学生，又可以是其他幼儿的弟弟妹妹或哥哥姐姐，还可以是同龄人的伙伴，这些角色变化既让幼儿体验到年幼幼儿对年长幼儿的尊重、敬畏、钦佩或嫉妒，又让幼儿体验到年长幼儿对年幼幼儿的关心、爱护或轻视等，这些复杂的情感体验给幼儿带来了巨大的冲击。因此，在混龄教育活动中，我们既要为幼儿提供情感体验的机会，培养幼儿对各种情感的敏锐性，丰富幼儿的情感世界，又要防止幼儿过多体验不健康的情感，如嫉妒、傲慢、轻视等，把幼儿的同伴关系引向关怀、互助的方向，为幼儿健康人格的形成打好基础。

混龄教育增强了幼儿对积极情感的敏锐性和对消极情感的承受能力，锻炼了幼儿的情感控制能力，扩展了幼儿情感体验的范围。年长幼儿的积极行为为年幼幼儿提供了良好的榜样，并由于年龄的相近而更具感染力；年幼幼儿通过与年长幼儿的交流可逐步克服自己的消极情感如胆怯、任性等；年长幼儿也因为榜样的自我心理暗示，愿意在与年幼幼儿交往的过程中自觉展现积极情感如谦让、耐心等，克服任性、霸道等消极情感。同时，教师也需要积极引导，帮助幼儿克服消极的情感体验，加强幼儿对积极情感的认同和渴望。

　　自由是蒙台梭利环境中不可缺少的要素之一。蒙台梭利认为，自由是儿童可以不受任何人约束，不接受任何自上而下的命令或强制与压抑的情况，可以随心所欲地做自己喜爱的活动。

　　这里所谓的给孩子自由，不同于放纵或无限制的自由。蒙台梭利相信，要给予儿童所需要的自由就必须要儿童的人格先有健全地发展及建构，这其中包含的内容有独立、意志与内在纪律。首先，应该对儿童个人自由的积极表现加以引导，使他们经历这些行为而达到独立。无论是我们家长还是老师，总是习惯性的替幼儿做一些事情，害怕会出现什么危险，尤其是家长们总是不放心，不让孩子动这个，不让动那个，从而限制了孩子的独立、自由性，也就错过了很多对他们有益的自发性活动。所以，无论如何我们对儿童的责任就是帮助他们依照自身所需要做的事情来完成有益的活动。其次，我们必须帮助幼儿发展他们的意志，借助激励的方式来完成自己选择的事情，但我们成人必须注意，不能以自己的意志来代替儿童的意志，而限制了他们自己的选择。蒙台梭利环境给予儿童自由，儿童便拥有了独特的思想行为，能够确定自己的行为对自己或别人有哪些后果，增加了自信心，使幼儿整个身心得到放松，快乐。

　　最后，我们应该给儿童创设一些建构性的工作，让他们通过建构工作来达到纪律的发展。比如，我们在进行长棒与数棒进行建构时，孩子们的注意力是非常集中的，同时扩散了幼儿的思维，这样在无形之中就加强了对儿童的纪律性。为了建立纪律，必须帮助幼儿建立对善恶的分辨，对儿童的任何破坏性及利己的行为严格的限制。所谓儿童的自由，应该是以不违反共同利益为原则，如果出现触犯他人或骚扰他人的行为，甚至一些粗暴的行为都要加以限制。儿童可以随意选择自己喜欢的工作，但是一些不利因素一定要排除，因为这些都会限制儿童的自由。

在形成纪律的过程中，蒙台梭利和卢梭一样，完全排斥了"说理"的作用。她认为，幼儿仍处于潜意识向有意识的过渡阶段，成人的说教不会奏效。此外，采取强制命令去束缚儿童将压抑儿童的个性，这是违反自由原则的。所以老师或家长不能武断地规定工作，同时幼儿在遇到困难时，不应过早的去干涉，而是仔细观察孩子们自己的解决办法。

另外，蒙台梭利提出要尊重孩子成长的步调：对孩子各种感觉训练和智力潜能的开发，最重要的就是要尊重孩子成长的步调，根据不同年龄段的关键期和敏感期挖掘潜能的任务，进行不同的训练，作为教师和家长，要懂得和了解这些具体的问题，根据孩子的年龄段，对孩子进行系统的、分段的、有侧重地智力培训和潜能开发。这就要教育者抓住孩子的"敏感期"，即是指这样的一段时期，当孩子在内心会有一股无法抑制的动力时，会驱使孩子对他所感兴趣的特定事物，产生尝试或学习的狂热，直到满足需求或敏感力减弱时，这股力量才会消逝。

而敏感期的教育要注意以下几点：

1. 孩子是个有能力的个体，我们应该充分地尊重他。蒙台梭利认为，孩子是具有能力的天生的学习者。他们会循着自然的成长法则，不断使自己成长为"更有能力"的个体。

2. 每个孩子都是独一无二的，他们的成长速度不同，敏感期出现的时间也不一样。因此，我们应该细心观察敏感期的出现。

3. 布置丰富的自由的环境。我们应该在孩子的某项敏感期出现时，就已经为孩子准备好了一个能满足他成长需求的环境。

4. 在自由中发现儿童。蒙台梭利认为，我们不应该过多地干涉孩子的活动，当然，这并不是丢下孩子完全不管，而是应该把我们的引导变为隐性的。让孩子在自由的环境中自由探索、尝试。

蒙台梭利还主张要根据儿童自身天然的特点及成长要求，在自由与快乐的学习环境中，达到教育的目的。她说："在探索儿童心灵世界这件事上，成人切记不要用自己的角度，或以自我为中心。如果成人以自我为中心去观察与儿童心灵有关的所有因素，只会增加对儿童的误解。"

蒙台梭利强调儿童是和成人截然不同的独立个体，成人必须重新看待孩子，发现孩子存在的价值，而不随意将自我意识强加在孩子身上，从而磨灭了儿童的人格意识。蒙台梭利以科学观察验证的精神，发现了儿童成长的自然法则——儿童具有自我学习，使自己趋于完善的潜能，也就是说孩子致力于改善他自己。

斯托夫人：自然教育法

斯托夫人有个女儿，名叫维尼夫雷特。在得到《卡尔·威特的教育》一书之后，她一边按照老威特的教育方法来培养自己的女儿，一边研究自己的育儿方法，取得了非凡的成功。在母亲的训练下，女儿从3岁起就会写诗歌和散文，4岁时便能用世界语写剧本。她的诗歌和散文，从5岁起被刊载在各种报刊上并汇集成书，博得了广泛的好评。

在女儿 12 岁那年，斯托夫人将自己的教育经验写成《斯托夫人的自然教育法》，阐述了早期教育的重要性。凝结斯托心血的自然教育，与卡尔·威特的教育方法互相印证，但是添加了更多新的元素；与赛德尔兹的教育理念有异曲同工之妙，但是斯托的方法有更鲜明的女性特征。

斯托夫人也不满足于仅将自己的女儿培养成才，她也渴望让世人了解早期教育对孩子成长的重要性，她的"伟大始于家庭"的观念已经深入美国的千家万户，并使越来越多的美国家庭从中获益。她的教育观点主要有以下几个方面：

第一，孩子能否成为杰出人物，完全取决于母亲施行了什么样的教育。因此，最早对孩子进行教育的应该是家里的母亲，而不是学校的老师；而且家庭教育必须伴随孩子们的一生，而不以某个年龄段为限。

斯托认为，母亲在孩子的教育中有着不可替代的作用，可以说，孩子的未来命运有时就操纵在母亲手中。那些没有准备好承担困难、或者准备将困难教给保姆的人，最好不要做母亲。

在现实生活中，许多母亲并不是真正知道胎教的重要，在孩子还只是一个胎儿时，他们认为自己对孩子的健康和幸福没什么责任。没有任何一个母亲会给婴儿吃咸菜、虾和喝酒，但却有许多母亲给胎儿吃这些有害的东西。也就是说，许多母亲在妊娠期间吃这些东西。根据医生和生理学家的建议，母亲所吃的食物对胎儿的健康会产生非常大的影响。所以，做母亲的为了生出一个健康的孩子，应当加强对食物的研究，多多听取专家的意见和建议。

母亲不仅要考虑胎儿的健康，同时也应为胎儿的品德形成和智力的发展负责。所以，妊娠的母亲应使自己的生活过得快活，不应经常哭泣。因为哭泣易使未来的婴儿发育不良，而发育不良是形成社会上软弱无能者的重要原因之一。人生在世，会不断地遇到困难，为了使下一代有克服困难的能力，我们必须生育出健康的孩子。此外，应使孩子具有爱美、爱正义、爱真理、爱善行的精神。为此，在怀孕期间，应看好书、想好事情、听好的音乐、欣赏大自然的美和艺术作品，并且要做好事。

希腊有个习惯，妇女在怀孕期间要观看美丽的事物，这是为了使孩子也能成为美丽的人。因为美能使人精神愉快、感到幸福，而愉快和幸福能使人变得更加美丽。斯托夫人也建议给孩子营造一个优美、舒适的室内环境。孩子的房间应选择家中最好的屋子，空气新鲜、阳光充足。墙壁最好是暗绿色的，有利于孩子的眼睛。床是洁白的，被子要软而轻，毛毯也应是轻的，重的易使孩子疲劳。墙壁上要挂有各种名画的复制品，最好在壁炉和桌子上陈列一些著名的雕刻仿制品。当然，这些物品可以买便宜的。

根据生理学家的理论，恐怖会阻碍心脏的活动、抑制腺体的分泌、毒化乳汁、使头发变白、使人老化。因此，恐怖是恶魔，应尽量杜绝它。而要铲除它，就应当具有勇敢和快活的精神。

女性不生孩子就不能体会到生活的幸福。但要记住，做母亲必然会遇到许多困难。因此，凡是没有决心战胜这些困难的女性，最好不要生孩子。母亲在埋头于教育孩子的同时，还要照顾好丈夫。如果对丈夫照料不好，丈夫可能会另有所欢，从而破坏家庭，这样对孩子的影响更大。所以，母亲的工作并不轻巧。

母亲并不是一个简单的称谓，也不再是传统意义上的喂孩子，洗衣服，打扫卫生……而是一种伟大而神圣的职业。母亲的教育很重要，母亲的工作不能由旁人代替，孩子的教育必须由母亲承担。把自己的孩子委托给他人，只有人类这样做，其他的动物决不会这样。

斯托夫人曾经说过，中国是最早开设学校的国家，尽管如此，他们的文明落后了。这是由于他们没有认识到妇女教育的必要。过去，中国人认为妇女不应受教育，因此，中国大多数妇女是文盲，也不进行家庭教育。受不到母亲教育的国民决不能成为伟大的国民。

有种说法是罗马之所以灭亡，就是由于罗马的母亲们把教育孩子的工作委托给了别人。

这种说法虽然夸张了些，可是就像福禄培尔曾经说过的：国民的命运，与其说是操纵在掌权者手中，倒不如说是握在母亲的手中。

看看我们生活的周围，孩子基本上没有时间和自己的妈妈待在一起，因为我们的年轻妈妈正在为生活的富裕努力奔波赚钱。以工作忙为借口，把孩子委托给孩子或是由爷爷、奶奶、姥姥、姥爷们看护，或是根本就没有自己的亲人照顾，只是由花钱雇来的保姆看护。在斯托夫人看来，这样的妇女是不能称为母亲的。

大多数的家庭不可能由母亲全职在家里教育孩子，只要采取正确的方式，对孩子的照料虽然不一定样样都动手，但对孩子的教育和平时的管教，母亲一定要承担起责任。正是出于这样的考虑，奉劝天下父母在孩子出生以后要慎用保姆。我们骑马，甚至也不雇用不称职的马夫，但是有的母亲却把孩子交给无任何学识的保姆。这样的保姆整天对孩子说，不许做这个，不许做那个，因为她这样最省事。但这样一来，非但不能发展孩子的能力，反而会使之更加萎缩。并且，孩子在这样的保姆抚养下成长，会形成各种不良习惯。当然，生活较富裕的母亲，对孩子的照料不一定全要自己动手，可以把部分并不重要的任务交给保姆。并且，要尽可能地多花些钱，雇一位有教养、有学识的妇女做保姆。即使如此，除了孩子的教育，吃饭、洗澡和穿脱衣服等，也都应由母亲自己承担。母亲和保姆的性格非常重要，甚至她们的表情对孩子都有影响。所以，保姆应选择性格开朗的妇女，母亲也尽可能使自己表现得快活。

第二，斯托夫人认为，没有比大自然更好的老师了，孩子在大自然中能够不知不觉的学到很多东西。以大自然为主题，可以向孩子讲述的有趣故事是无穷无尽的。

同时，让孩子接触大自然，不仅可使他们的身体健壮，而且精神也会旺盛起来。

从小生活在农村的人都会有一种感觉，那就是从小就能亲密接触大自然，很小就能叫得出许多植物和动物的名称，知道它们的特性和用途。因为长期接触、观察大自然中的动物和植物，作文写起来形象、生动。可生活在城市高楼中的孩子则不同，他们每天的生活几乎被学习填满了，好不容易有个假期，也要被各种各样的兴趣班代替，他们接触自然的时间少，对动物、植物缺乏了解和观察，如果老师布置这类作文，往往无话可说，即使写出几句，也很干瘪，缺乏准确性和生动性。

斯托夫人在当时就建议，应当从改造不良少年的经费中拿出一部分钱把城市的孩子经常带到郊外去接触大自然，这样就可以在一定程度上预防不良少年的产生。这个建议对于当今大都市孩子的教育也是有借鉴意义的。

斯托夫人尽可能带着女儿到郊外去，利用实物向她讲述各种有趣的故事，内容涉及动物学、植物学、矿物学、物理学、化学、地质学、天文学等几乎所有的科学领域。且看看她在书中的记载：

　　我们经常到郊外去，摘下一朵花，拔下一棵草进行剖析，砸碎一块岩石进行观察，窥视小鸟的窝，观察小虫的生活状况等。维尼夫雷特喜欢用显微镜观察各种东西，同时，还写出了有关各种事物的极其有趣的散文。维尼夫雷特非常喜欢植物，采集的标本堆积如山。她还运用世界语，搜集世界各地的植物标本。还有压花册，这也是通过懂世界语的小朋友采集的生长在各地伟大人物和诗人墓地上的花以及古代战场上的花，经过压制而成的。其中最珍贵的是《奥雕邦花册》。众所周知，奥雕邦先生从事研究的地区是肯塔基州汉德森的附近树林。这个压花册就是维尼夫雷特亲自采集制成的，她在这个树林中获得了有关大自然的各种知识。

　　开始时她非常害怕青虫，自从告诉她青虫会变成美丽的蝴蝶之后，就不害怕了。我还向她讲述蚂蚁和蜜蜂的生活规律，她对它们的集体生活很感兴趣。她还研究黄蜂和雄蜂的生活，写出了许多散文。

　　维尼夫雷特现在正在研究甲虫，据她说甲虫有15万多种。而且她自己也要发现新的种类。她博览过有关甲虫的许多书。冬天在野外看不到甲虫时，就到卡内基研究所看着标本进行研究。

　　斯托夫人认为，让孩子搞园艺确实是一种很好的教育方法。她让女儿从小就开始搞园艺，栽培花草和马铃薯等。孩子非常喜欢做这些事，每天给它们浇水、除草，观察它们的生长情况，感到非常高兴和有趣。

　　每年夏天她还带女儿到山中过几天野营生活，让她在那里研究自然。并且经常带她到原野去，在草丛中观察野花和小虫。草丛中有歌德所说的《草中小世界》，即各种小虫组成的世界。

　　维尼夫雷特还养过小鸟。她有两个金丝雀，一个叫菊花，一个叫尼尼达。菊花是许多日本少女喜欢的美名，尼尼达是西班牙语，是婴儿的意思。小维尼教给金丝雀各种玩意儿，它们能随着小提琴歌唱，又能站在手掌上跳舞。维尼夫雷特弹钢琴，小鸟就站在她的肩上，叫它们闭上眼睛，就闭上双眼，读书时叫它们翻开下一页，它们就用小嘴翻到下一页。

此外，她还饲养着小狗和小猫。饲养这些动物时，为了调食、喂水，孩子得高度注意，以培养她专注的精神，它还可以培养孩子的慈爱之心。有人认为饲养动物是危险的，因为动物是传染病的媒介，而斯托夫人则认为，只要让孩子注意，是没有什么危险的。

由于饲养了金丝雀和狗，维尼对其他的鸟兽也发生了兴趣。她经常去动物园，研究各种鸟兽的生活状况。结果她首先写出了《我在动物园里的朋友》这本书，后来又写出了《和我在动物园里的朋友聊天》一书。

为了使女儿对鱼类感兴趣，妈妈还在她的房间里养有金鱼和鲫鱼。美国国内的大水族馆，差不多都让她去看过。对于矿物学、物理学、化学、地质学等，也采用同样的方法去教。

为使她对天文学有兴趣，斯托夫人让她看神话书。同时带她去过许多天文台，并用望远镜观看天体。为此，她同许多天文学者交上了朋友。马温特·罗天文台的拉肯博士说，由于和维尼夫雷特交谈受到了鼓励，才写出了《在头脑混乱之中》一书。

维尼夫雷特能取得后来的成绩是和母亲的这种教育分不开的。我们现在的家长应该认真向斯托夫人学习，相信这样教育孩子的效果会事半功倍。

第三，斯托夫人指出，游戏是开发孩子智力的一个重要途径。通过游戏教学可以达到事半功倍的效果。孩子都喜欢做"模仿游戏"。这种游戏能有效地发展孩子的智力，应经常让她玩。尽管人们对电影有种种看法，但斯托夫人却认为，只要选好影片，电影对孩子还是很有教育价值的。为此，她经常带女儿去看好的儿童剧和电影。她们不光看，回去以后二人还模仿电影中的情景进行表演。角色不够时，就用玩偶和其他物品顶替。不仅对电影情节如此，对于读过的书中的故事，她们差不多也都表演过。

做发展孩子在爱好方面的能力游戏，也十分必要，也容易开展，因为这是孩子的本能。她和女儿就常常做蒙眼睛的游戏。事实上，几乎所有孩子都喜好这一游戏。具体的玩法是把孩子的眼睛蒙上，给她各种物品让她猜是什么东西。另一种玩法是蒙上眼睛，在屋子里摸索，碰到一件东西让她猜是什么。这类游戏能有效地发展孩子的触觉。

在维尼夫雷特很小时，母亲就带她到各处走走。为了训练女儿的判断力，以后再去那里时，就让女儿在前头领着走。经过这种训练，小维尼从 18 个月时起，就能带着妈妈和保姆到各处去了。

训练视觉的游戏很多。例如，当妈妈的心里想着室内的某一件东西时，告诉她这个物品是红色的，让她猜妈妈想的是什么。维尼夫雷特就猜是字典、吸墨纸、花瓶的花，等等，猜上 3 次或 5 次，必须在规定的次数内猜对。若猜不着，就轮到她说妈妈猜了。

此外，孩子必须学会控制自己的身体。换言之，孩子必须学会控制自己的肌肉。在这方面，做"模仿铜像"的游戏是有效的。玩法是这样：某人摆出某种姿势，对方数数，如 50，100，在规定的数字内不许动。这是希腊人经常做的游戏。据说他们的动作之所以那样优美，原因就在于此。

用纸、布等材料制作物品等运用手指的游戏，也对发展孩子的能力十分有效。只要肯动脑筋，可做的东西种类是很多的，孩子们在任何时候都可以高兴地玩。妈妈和维尼夫雷特用纸做蝴蝶、船等，用剪好的布做娃娃，用卷烟盒做小马车和火车，用厚纸建造房屋和城市，建造桥梁和宝塔等。还用花生做娃娃，用香蕉做马，这些游戏，不仅使孩子高兴，而且能发展他们的创造能力。

从维尼夫雷特小时起，斯托夫人就教她做玩偶的衣服和简单的刺绣。在她 4 岁时，就已能把首次做成的刺绣成品赠送给婶母了。这是一个在白布上用各种颜色的丝线绣成的头戴遮阳帽的少女。此外，斯托夫人还教女儿各种针织方法。女儿的手工艺品种类很多，都是从小逐渐积累的。下雨天不能在室外玩时，她总是十分高兴地把这些物品拿出来欣赏。

斯托夫人认为，孩子的游戏、食物和游戏的伙伴等，以有变化为好。她不让维尼夫雷特总是和某一个小朋友玩。爱默生曾说："如果世界上只出现两个人，不到一天工夫，其中必有一个成为主人，另一个成为奴仆。"孩子的游戏也是这样，只要是有两个人玩，不久，就会产生这样的关系，结果并不愉快。

而斯托夫人鼓励男孩和女孩一起玩游戏，她认为男孩子和女孩子一块做游戏，可以取长补短。男孩可以从女孩身上学习亲切柔和等品德，女孩可以从男孩身上学习勇敢果断等品德。男孩富于理解力，而女孩则敏捷并富于想象力。他们一起玩，不仅对双方都有益，而且能热心地玩，对孩子们来说各个方面会提高得很快。

第四，父母在开发幼儿智力的同时不能忽视孩子道德品质的培养。

斯托夫人认为，人生在世，自己的所作所为必然会得到相应的报答。而自尊、自信等自身品质的培养则是生存的立足之本。自尊者自信，凡事失去做事的信心，终将一事无成。同样，失去自尊，也就等同于失去了自信。因此，家长在教育孩子的过程中，一定要注意维护孩子的自尊心，并积极地给予他行动的自信。

在培养孩子自尊和自信方面，斯托夫人做出了许多有益的尝试：

1. 让孩子穿自己的衣服：在孩子穿着方面，斯托夫人建议不应让孩子穿姐姐或哥哥穿过的衣服。即使家境不佳，最好也不要这样做，因为这样会严重地损害孩子的自尊心。斯托夫人非常注意保护女儿的自尊心：让女儿和我们一起吃饭，把她和大人同样对待。吃饭时我们说的也是她能听懂的话题，平等地与她谈话。有的家庭，吃饭时不让孩子说话，有的甚至不吃饭时，孩子也必须畏畏缩缩，这样做，孩子就不会有任何自尊心。

2. 信任你的孩子：为了使孩子能自重，必须信任他们。无论是大人还是小孩，受到别人的信任就能自我尊重。管束孩子不许干这个，不许干那个，还不如信任他们，耐心地说服他们更为有效。我们如果把孩子当坏人对待，他就可能成为坏人。

3. 不要给孩子讲有损他们心灵的故事：在美国有一种坏习惯，为了使孩子做好事就往他们的头脑里灌输各种的惩罚、地狱之火等故事。斯托夫人认为这种方法是非常错误的。

4. 不要试图让孩子怕自己：社会上还有这样的父母，为了使孩子容易管教，故意让孩子怕自己，这也会使孩子变成懦夫。这样的父母，会把孩子造就成一个失败者。一个怯懦者想在这个社会里获得成功是非常困难的。

5. 不要让孩子常说一些懦夫用语：还有一点要注意：不可让孩子说懦夫们常常用的词汇，如"不能作"。常说这句话的孩子决不会成为有出息的人。为了对孩子灌输进取、勇敢的精神，最好给他们讲述伟大人物善忍耐的故事。

6.不要包办孩子的事情：多数母亲把孩子视为玩物。认为这也不能做，那也不能干，一切都包办代替。结果使多数孩子对自己的能力缺乏信心。维尼夫雷特从婴儿时期起，妈妈就耐心地站着让她给妈妈扣衣服上的纽扣。尽管她不会扣，很费时间，但是妈妈认为这是在对孩子进行教育，所以还是耐心地让她扣。

在斯托夫人内心，让女儿从小时给她扣衣服扣，除了练习手的动作外，还是为了培养女儿帮助他人的观念。为此，她还教孩子自己穿鞋、穿衣服。即便很忙，也要花点时间让女儿自己穿脱衣服，因为这是对孩子的教育。

还有一种母亲，把孩子视为宝贝，怕跌倒摔伤不让孩子滑冰，怕溺水不让划船和游泳。这简直是把孩子用玻璃罩子罩了起来，这是非常错误的。这种教育方法只能使孩子成为废人。

7.乐于回答孩子的问题：孩子是有好奇心的，对他们经常提出的许多问题，应予以回答。孩子提出各种问题，是令人不耐烦的，并且解答是很费事的。然而，做父母的绝不可拒绝或者逃避孩子的质问。

由于是孩子，所问的内容必定有不合逻辑的东西。但是我们仔细想一想，大人的知识其实也不外乎是些可笑的东西，所以不论孩子提出什么问题，决不应嘲笑。不但不嘲笑，而且应该亲切地予以回答。你一嘲笑他，他就会因害羞而不再提问了。

提问是孩子获取知识的向导，应充分地利用它向孩子传授知识。若遇到自己不懂的问题，可以问问别人，也可以经过研究之后再解答。

8.绝对不应欺骗孩子：欺骗孩子，被他们知道了，他们就不会再相信父母了。父母失掉了孩子的信任，其后果是不堪设想的。而且欺骗了孩子，孩子也学会欺骗他人。斯托夫人为此还举了一个例子：有个小孩的父亲曾自豪地说："我的儿子将来一定会成为一个大政治家。"当问他为什么时，他说："前天，我儿子把他母亲放在碗橱里的菜吃了，把剩下的抹到猫的嘴巴上。"这样的父亲是不可救药的，他儿子的欺骗行为肯定都是从他那里学来的。

9. 不可戏弄孩子：孩子受到戏弄，就容易变成不知羞耻的人，变得粗暴、或是用心不良，甚至不把人当人看待。社会上由于小时候受到父母的戏弄，以后成为罪犯而入狱者大有人在。

塞德兹：天才教育法

1905 年，6 岁的小塞德兹跟别的孩子一样上小学了，上午 9 时他去学校时被编为 1 年级，可是中午母亲去接他的时候，他已经是 3 年级的学生了。就在这一年内，小塞德兹小学毕业了。小塞德兹 11 岁进入了哈佛大学，大学的第二年他只有 12 岁，但却非常擅长往往使硕士研究生们感到头痛的高等数学和天文学，还能用希腊语背诵《伊利亚特》和《奥德赛》等原著作品，15 岁时他作为哈佛大学的优等生毕业了。

这样的孩子，真的不是天生的神童吗？塞德兹在不朽之作《俗物与天才》中给予了解释，他告诉大家，这只是一种先进的教育方法的必然结果。

塞德兹博士认为，孩子的发展与成功，不仅与先天的遗传、禀赋等因素有关，更与后天的环境和教育有关，后者甚至起决定性的作用。这种环境和教育就是给孩子自由。他认为，按照一定规格培养起来的、行为受到限制的、循规蹈矩的、内心压抑的儿童，长大后必然成为庸才。

在塞德兹看来，人就如同瓷器一样，在小的时候就会形成一生的雏形，因此，应该在特定的时期给予孩子恰当的教育；教育最重要的课题是要为孩子打开智慧的天窗，使孩子看清楚社会上的矛盾和缺陷，而决不能让孩子成为精神上的盲目乐观主义者；习惯固定化是庸才成长的温床，错误对天才来说只是一个过程，他要做的是把将来的事做得正确和完美。

很多父母都明白"样样精通，等于样样稀松"的道理，所以许多人认为让孩子学得太多反而达不到良好的效果，因此只让自己的孩子学习一门知识，以求专而精，然而，在孩子最初的成长道路上，这种想法是错误的。片面的教育只能培养出庸才。

在塞德兹看来，各种知识存在着某种相互影响的关系。仅学一门，只能使孩子的视野局限在狭小的范围之中。片面的教育只能让孩子拼命地学一样东西，将全部的宝贵童年都一门心思地集中一处。这样做的结果当然是能够在某一领域取得突出的成绩，但在其他方面却犹如白痴。难道，这样的孩子能够称得上"天才"吗？如果是那样的话，只能说明这是人们对天才一词的误解。

塞德兹以"神童"里斯米尔的例子说明这一问题。报纸上曾报道了"神童"里斯米尔的事迹。这个只有 6 岁的孩子在绘画方面有超人的天赋，能准确地描绘人体，并对人体结构以及光影都有极准确地把握，人们都在沸沸扬扬地谈论着这个伟大的天才，几乎都异口同声地断定这个孩子将会是一名艺术大师，因为他只对绘画有很高的天赋，在其他方面却很平庸，这足以说明他的天赋是先天性的。

这件事引起了塞德兹的注意，因为如果是那样的话，他的教育思想将会面临一次打击，因为他的教育思想的核心就是后天的培养，如果这个孩子的才能真是来源于所谓的天赋的话，那么这将是他教育思想的一个反证。

一天，塞德兹以心理学家的身份访问了这个孩子以及他的父亲。孩子的父亲对塞德兹的到来感到很高兴，一再诚恳地要求塞德兹指导他的儿子。里斯米尔的"画室"墙壁上挂满了各种画作和装饰品，房间的地板上摆放着各种各样的石膏模型，一幅巨大的人体解剖图高挂在最主要的一面墙上。有一个身材矮小的男孩在画架前坐着，他便是里斯米尔。

孩子的父亲拿出许多参展证书和获奖证书说："这些都是里斯米尔的。"这些全是儿童美术大赛的参展证明，有区域性的，也有全国性的。但塞德兹却发现里斯米尔始终坐在那儿一动不动，两眼无神而茫然地盯着前面的墙壁。塞德兹奇怪地问这位父亲："里斯米尔在干什么？"这位父亲说："他一定是在思考。"

"思考？为什么一定要以这种方式思考？"

"恕我直言，报纸上的那些报道并不完全真实。他们说我儿子的才能来自于天赋，我可不这样认为。正如您所说的那样，孩子的才能源于后天的教育，我对此是深信不疑的。所以，我为了让儿子成为一名伟大的画家，一直对他要求很严。你也看见了，他无时不在考虑绘画的事。可以这样说，他的那些成绩完全来自于努力和勤奋。"他解释道。

"那么，除了绘画以外，里斯米尔还在学习什么？"

"绘画已经占用了他所有的时间，不可能再学其他的东西。何况，我认为只有用心一处才能有所成就。既然想成为画家，那么就应该有所牺牲。"

他这样一说，塞德兹才明白了为什么里斯米尔会有那么一种古怪的表情。可以毫不客气地说，他的那种表情完全是白痴的表情。

事实上，这个孩子在父亲长期的"强行教育"下，已经变成了只会画画的机器，几乎对其他的事一窍不通。他既不会认字也不会书写，更谈不上有其他的爱好。里斯米尔所受到的教育完全是舍本逐末。塞德兹判定，他不可能成为一个真正的艺术家。

果然，几年后里斯米尔的"天才"便不复存在了，人们也没有见到他们所期望的这位"天才"有任何的成就，里斯米尔后来真成了一个白痴，一个大脑发育不良的白痴。

现行的教育重纪律甚于重素质，把纪律看得高于一切。凡是遵守纪律的孩子，就被看成是好孩子，享受各种优待；人们常常不自觉地要用纪律去约束孩子，尽力使他们合乎规范。一旦孩子违犯了什么纪律，不管是有心还是无意，一律被视为大敌，非得严惩不可。

有多少年轻的父母看见孩子穿着干净崭新的衣服兴高采烈地玩泥巴而不生气的呢？又有多少母亲发现时却好像发现了世界末日，急忙上前去拍了他一巴掌，一边数落一边把他带进屋呢？

大人们想当然地认为，应当教会孩子处处为大人着想，让大人尽可能过安静的生活。因此，培养服从、礼貌和恭顺是十分重要的。儿童的自由天性就被这种愚蠢的力量所扼杀。他们在摇篮时期就被弄得毫无生气，他们受到的教育就是拒绝生活。

可悲的是，现实生活中当孩子显露出某方面的天才时，我们的教育不但不加以引导和启发，反而首先是用纪律的条框去规整它，使它符合我们的习惯。

塞德兹指出，学习不应该是件枯燥的事情，可是对于很多孩子来说，却是谈"学"色变。我们都知道，人一旦对某件事情产生排斥情绪，就会进而发生抵触心理，要想学好就难了。只有让孩子感受到学习中的乐趣，他才会主动要求学习更多的知识，因此，我们家长要做的一点就是：努力帮助孩子寻找出学习知识的乐趣所在。俗话说："兴趣是最好的老师。"但兴趣这东西不是天生的，需要后天的培养。小塞德兹从小接受的都是自愿的学习，如果他不想学，塞德兹肯定不会强行要求他学。况且，每学一样知识，小塞德兹总会觉得快乐，并主动要求学更多的知识。

他还指出，"孩子的问题根本没有意义"这样的想法和做法真的很愚蠢，因为你已经不知不觉地压抑了孩子的好奇心以及求知欲，更为严重的是抹杀了孩子最可贵的求知精神。塞德兹总是认真而耐心地回答儿子提出的问题，并加以引导，决不会像很多父母那样嫌麻烦，应付了事。

孩子到底应该具备怎样的心理素质？其实孩子的心理素质教育主要包括人们所有的心理活动过程和心理活动结果。一个真正的天才，除了身体健康、学识丰富，最重要的还要有良好的心理素质，能在激烈的社会竞争中立足。因此，加强孩子的科学世界观和理想教育，提高孩子承受挫折的能力、培养孩子良好的修改是天才培养的一个重要方面。塞德兹对孩子心理素质的培养方法值得我们学习。

小塞德兹不到7岁就完成了小学教育，这当然是值得骄傲的事。然而，他在学校的经历并非人们想象的那样尽善尽美，这其中也存在着许多不尽如人意的地方。

在一次由学校组织的体育比赛中，小塞德兹倒数第一名。那一次的比赛，是同年级中的比赛，也就是说1年级的孩子们就仅限于1年级，比赛在不同的班之间进行。2、3、4、5年级也是相同的比赛办法。这样一来，小塞德兹首先就在年龄上吃了亏。小塞德兹报名参加了 50 米短跑，他当然不是别人的对手。

事后，小塞德兹难过极了。他把这件事看得很重很重。大约过了一个星期，儿子仍然闷闷不乐。见他这样，塞德兹认为有必要帮助他摆脱那种失意情绪。

"儿子，你还在为那件事难过吗？"塞德兹问他。"我真是太笨了，竟然得了倒数第一名，太丢脸了。"儿子难过地说。"是啊！得最后一名是不怎么光彩，可是你想到过其中的原因没有？"塞德兹问。"是什么原因呢？"儿子问。"因为年龄。你想想看，你的对手都是比你大的孩子，这个很正常……""可是我不能因为年龄小就比他们差呀。"儿子不服气地说，"虽然我比他们小，可我的功课比他们都好，只有体育一样不行，这多丢脸呀。"

"不，你这样说并不正确。智力是能通过教育和勤奋得到发展的，但年龄却是任何人也不能改变的。他们跑得比你快完全是因为他们年龄大，个子高。他们的腿都比你的长许多，如果跑得还没有你快，那不是太糟糕了吗？"塞德兹说。

"这也有道理，可是我毕竟是最后一名。同学们都在嘲笑我。"儿子还是很难过。

塞德兹知道儿子的性格，他是一个对自己要求极其严格而且从不服输的人。正因为如此，他固执得往往去钻牛角尖。于是塞德兹进一步对他进行开导："虽然你现在是最后一名，我想这并不能表明你的体育不行，因为这完全是年龄造成的。我敢肯定，等你长到十一二岁时一定会比那些孩子跑得快。"

"真的吗？"儿子问。

"当然是真的。因为那天我问过你们的体育老师。他说你的失败完全是因为那场比赛对你不公平。他还说你的体育成绩在同龄的孩子中是最好的。他还专门给我看了成绩单，年龄与你相仿的同学无论在哪一方面都比你差。"

小塞德兹似乎在眨眼间得到了一个真理，顿时从失意之中走了出来。

其实，只要你留心，我们的孩子也有失意的时候，可能学习出现了问题，可能和朋友交往出现了什么不如意，总之，我们不能以孩子还小为借口，就对他的失意情绪视而不见。

斯宾塞：快乐教育法

斯宾塞是 19 世纪后期英国著名的教育家，也是近代西方科学教育思想的倡导者，被很多人称之为人类"历史上的第二个牛顿"。他的快乐教育理念来自对孩子天性的透彻分析和妥善驾驭。他指出："长期以来的教育误区，把教育仅仅看做是在严肃教室中的苦行僧的生活，而忽视了对孩子来说更有意义的自然教育和自助教育。"并提出了"逃走教育，快乐教育"的教育理念，强调"对儿童的教育应当遵循心理规律，符合儿童心智发展的自然顺序"，揭示了科学教育最本质的特征，对西方科学教育理论的开展起到了里程碑的作用。

斯宾塞强调对儿童的教育应当符合儿童心智发展的自然顺序，即从简单到复杂、从不准确到准确、从具体到抽象。他反对简单的照本宣科，死记硬背。斯宾塞的教育核心理念主要包括以下几个方面：

1. 提倡科学教育，推崇"实用"的知识，斯宾塞提出"科学知识最有价值"的卓越见解，他制定了以科学知识为核心的课程体系，为争取科学被承认为教育的一个必不可少的组成部分而努力斗争。

2. 提倡自主教育，反对灌输式教育。

3. 提倡快乐和兴趣教育，反对无视学生身心发展规律的教育方式。

斯宾塞认为，兴趣是孩子学习的动力，天才都对他们从事的领域怀有强烈的兴趣引导，而且很多看上去都是毫无意义的兴趣。所以，兴趣没有好坏之分，错误并不在于孩子的兴趣，而在于家长能否正确的引导。引导他从中去获得新的知识、方法和对孩子有益的习惯。家长们可以从小斯宾塞的身上学习如何引导孩子。古往今来，不少有成就的科学家、文学家、思想家的成功都是在小时候的兴趣爱好之中开始的。就像爱因斯坦所说："兴趣是最好的老师。"沿着这位"老师"指引的途径走去，也许可以寻找到自己独特的生命的乐园和事业的归宿；兴趣是位风趣的老师，因为它把"学"与"玩"统一起来。寓学于玩，"玩"中求"乐"；兴趣又是一位热情的老师。它能诱发孩子更加喜欢学习，热爱学习。对自己感兴趣的东西，人们总认为是最美好、最富于诗情画意的。

当斯宾塞发现小斯宾塞开始在花园里对蚂蚁产生兴趣时，便也加入了他的"兴趣小组"。第一天，仅仅是看，是玩。看它们怎样把一粒面包屑搬回来，怎样跑回去报信，带来更多的蚂蚁……第二天，斯宾塞拟出了一份关于蚂蚁的"研究"计划：

在"自然笔记"里开设蚂蚁的专页。

从书本上更多地了解蚂蚁，并作上笔记。

蚂蚁的生理特点：吃什么？用什么走路？用什么工作？

蚂蚁群的生存特点：蚂蚁群有没有王？怎样分工？怎样培育小蚂蚁？

有了目标，小斯宾塞的兴趣更浓了。如果说开始他只是觉得好玩，那么现在他还觉得有意义了。这项研究持续了几乎一个夏天。实际上，在这份计划里，已溶入了系统获取知识的方法，还能培养孩子专注达到目标的意志。

类似这样的事一件又一件地"必然地"发生在小斯宾塞的身上。蚂蚁之后是鱼，鱼之后是鸟类，鸟类之后是蜜蜂。有趣的是，小斯宾塞不仅仅学习这些动物的一般知识，而且开始发现它们的一些"群类特点"。

斯宾塞提醒到，父母在这种事上"所表现出来"的兴趣会使孩子获得肯定，而有目的的引导不知不觉地让孩子学会了求知的方法。

有人说："兴趣是学习的促进剂，不管是什么，最终还是要转化为动力推动自己的学习前进。"可令人遗憾的是，现在虽然有很多父母知道培养孩子兴趣的重要性，但却常常会指责孩子的一些"没有用"的兴趣。他们企图按照既定的模式去设计孩子的未来，保留一些"有用"的兴趣同时删掉一些"没用"的兴趣。

在斯宾塞看来，这种想法和做法可以用荒唐来形容，因为对于孩子的心智发展来说，兴趣无所谓"有用"或"没用"。每一个孩子都会对不同的事物产生不同的兴趣，每一种兴趣都会引导孩子培养某种特长。发明大王爱迪生聪明吗？不聪明，小学都没毕业学校就不要了，但他有一个了不起的妈妈，爱迪生的妈妈懂得教育的秘诀，知道学习是培养孩子的兴趣，可以说没有妈妈就没有发明大王爱迪生；诗人郭沫若小学语文也考了56分，不及格，说明他小时候也是一个很普通的孩子，就因为他对诗文感兴趣才成了大文学家。所以说，兴趣是最好的老师，只要能培养孩子学习的兴趣，让孩子喜欢学习，主动学习，你的孩子就一定是未来的爱迪生，或者是未来的郭沫若。

那么父母该怎样利用孩子的兴趣，通过引导的方式来开启和培养孩子的智力呢？斯宾塞给家长们提出了以下建议：

1. 当孩子对某件事物表现出兴趣时，不能简单地因为自己认为"没用"而指责、否定他。

2. 利用这种兴趣可能给他带来的快乐专注，从而使他获得与这一兴趣相关的知识。

3. 引导孩子通过自己查阅和请教别人的方式来获得知识。

4. 记录是使知识存留下来，并训练使用文字、图画、书籍的好办法。

5. 对于还不具备文字记录能力的孩子，父母也要给他准备一个笔记本，把题目写下来，让他口述。

6. 尽量不使用"任务"、"作业"这类词，而代之以有趣的开头。

斯宾塞一生都在提倡快乐教育，他提醒，要实现快乐教育，就必须避免走入下列教育的误区。

1. 粗暴尖刻的言语

小斯宾塞有一个同学莎拉，他胆子很小，从小生活在爷爷奶奶身边，爷爷奶奶对他精心呵护，日常生活几乎大包大揽地代办，慢慢地，莎拉养成了内向、胆怯的性格。

后来，莎拉开始到父母身边生活，爸爸脾气比较暴躁，莎拉在他面前经常吓得什么都不敢说，不敢做。一天，家里来了客人，爸爸让莎拉给客人倒水，一不小心，茶杯摔在了地上，爸爸当着客人的面劈头盖脸地就骂道："你真是个笨猪！"生性敏感的莎拉羞愧得无地自容。

当天晚上，莎拉做了一个噩梦，看见爸爸恶狠狠地指着他的鼻子，用手指着他的脸。从今以后，莎拉看到爸爸就紧张，越紧张越是出错，每当这时，爸爸都毫不留情地加以训斥。莎拉最后患了恐惧症，每天晚上做噩梦，一点风吹草动都紧张得不行。

莎拉的父母是爱他的，这一点毋庸置疑，但是由于他们无法控制自己的情绪，常常会以粗暴的打骂来发泄情绪。

现实生活中，很多父母常常不注意就挫伤了孩子的自尊，如："你看看人家邻居的孩子，学习多好啊，你怎么就这么笨呢？""你和你爸爸一样，都是没出息的东西。""你真笨，连这样简单的问题都不会。"

这些语言会严重挫伤孩子的自尊、自信、自爱。最可怕的是它还将影响孩子的一生，使他们长大了以后心里始终有缺陷。

2. 冷漠和麻木

所有的孩子都希望自己能够引起别人的注意，孩子既愿意得到父母的表扬，也愿意忍受父母的批评，而最不希望自己被父母忽视。

冷漠，对孩子来说是极具杀伤力的行为，冷漠留给孩子的心理阴影将会终身不散。在斯宾塞看来，冷漠地对待孩子比打骂孩子更加恐怖。在冷漠的环境中成长的孩子会很容易产生心理异常、心理变态。

3. 伤害孩子的自尊心

斯宾塞指出：每一个孩子的心灵世界，是要靠自尊来支撑的。尊严可以带给人自信，也可以改变一个人的命运。

每个人都有自尊，尤其是还未成年的孩子。他们往往因为年龄阅历的关系更为在意别人的话语，尤其是自己的父母。父母无意间说出的许多话，都可以潜入孩子意识当中，而且在孩子的成长过程和成年生活中不断地支配他们的行为。

孩子的自尊心像幼苗，一旦受到伤害，会留下难以愈合的伤口，甚至会影响他的一生。所以父母除了保护孩子的自尊心外，还应该注意培养孩子正常的自尊心。

斯宾塞认为：当父母已经意识到这种不快乐的境遇对孩子的影响时，虽然不是每个人都能完全改变孩子的境遇，但是，几乎每个父母都可以改变自己的家庭。

家庭环境对于孩子的心智和才能的发挥至关重要，孩子不管遇到什么不快乐的事情，只要回到家中，家庭就应该给予孩子快乐的力量。所以，父母应该为孩子营造一种快乐的家庭氛围：

1. 保持家庭生活的美满与和谐：家庭和睦是培养孩子快乐性格的一个主要因素。根据有关资料统计，幸福的家庭中成长起来的孩子，成年后能幸福生活的比在不幸家庭中成长起来的孩子要多得多。家庭和睦的一个重要表现首先应该是父母真诚相爱，而且要公开地让孩子们看到这种爱情。如果一个孩子了解他的父母是相亲相爱的话，就无须更多地向他解释什么是友爱和美善了。

2. 人格独立平等：在良好的家庭环境中，家长和孩子的人格应保持平等，父母不应该因子女年纪小，而漠视他在家中的地位，平等是营造良好的家庭氛围的前提。父母、子女任何一方的优越感都会对其他家庭成员造成心理压力，使双方产生心理隔阂。

一个甜蜜的家庭，父母与子女间应该有最好的沟通之道，而且彼此体谅与尊重。父母给孩子自由，同时教孩子对自己的行为结果负责任，使子女能明白权利与义务的关系。

3. 给孩子提供决策的机会和权利：快乐性格的养成与指导和控制孩子的行为有着密切的联系，父母要给孩子提供机会，使孩子从小就知道怎样使用自己的决定权。

4. 父母要教孩子调整心理状态：父母应使孩子明白，有些人一生快乐，其秘诀在于他们有很强的心理素质，这使他们能很快从失望中振作起来，当孩子受到某种挫折时，要让他知道前途总是光明的，并帮孩子调整心理状态，使其恢复快乐的心情。

要让孩子快乐成长，除了有快乐的环境，还要父母多花一些时间陪伴孩子。斯宾塞建议，如果孩子年龄比较小，那么，父母应该坚持每周几天有规律地与孩子一起玩耍，并保证遵守时间规定，持之以恒。对于大一些的孩子，如果再规定玩耍时间则是比较笨拙的做法，应该随时寻找机会参加适合他们的活动。

斯宾塞认为，不管在什么样的情况下，我们能够倾听孩子说话都是令人高兴的事。你可以想一想，当孩子兴致勃勃说话的时候，父母不但不愿意听，而且还打断他的话，那多让孩子扫兴啊，即使是大人，如果受到这样的对待，也会感到自己不受重视。现在的孩子大多数是些独生子女，加上同学们的接触有限，都有一种以自我为中心的倾向。父母实际上是与他们交往时间最长的人。如果你的孩子没有和你谈过心，那你就该检讨自身的问题了。如果想让孩子敢跟你谈，你就应该学会认真倾听。

小斯宾塞喜欢在吃晚饭时和爸爸说他们学校同学以及周边发生的事情：哪个同学被老师表扬了，哪个同学被老师惩罚了；他在田野里发现蝴蝶开始飞舞了；同桌乔治在女同学的书桌里放蟾蜍……小斯宾塞总是滔滔不绝地说着，尽管斯宾塞有时候很忙需要静下心来想些事情，但对于孩子的话，他还是会饶有兴致地倾听。

最好每周召开一次"家庭会议"，让孩子就一个星期以来发生的事情，说说自己的看法和感想。孩子的情绪得到宣泄的渠道，心理就会比较健康，以后孩子会在自己遇到困难时主动与父母交流，也由此可以避免一些不必要的事情发生。

第三章
值得学习的好妈妈典范

每一个妈妈都可以成为好妈妈，每一个妈妈身上都有好的品质，如果能够互相交流，互相学习，妈妈们就能更加完美和优质了。所以，向好妈妈典范们学习吧，让自己也变成一个更好的妈妈！

杨澜——爱学习的妈妈才是好妈妈

柴米油盐酱醋茶的生活看似平淡简单，但过起来不一定人人得心应手；生儿育女是女人的本能，但成为好妈妈并不是顺理成章的事情。当妈妈之前，女人一定要做好心理准备，认识到当妈妈是一项挑战，就算是智商情商都极高的女人，也需要不断学习做个好妈妈。

著名的主持人杨澜在未做妈妈之前，已经是一个非常成功的女性，主持事业如日中天。谁都认为，凭借她的智慧和美丽，一定可以做一个好妻子，好妈妈，但当她真的做了妈妈，却同样要重新开始。面对各种教育的迷惑，她自己慢慢去摸索："今天的孩子都娇贵得不得了，现在的社会变化大，社会和家庭的矛盾集中在怎么带一个孩子上，因此做妈妈的压力也是前所未有的，她们既要应付来自职场的考验，又不能忽视家庭和孩子，而带好孩子又会面临许多新的课题，过去老一代的育儿方法在今天已经不再

161

适用了……"

杨澜的工作非常忙，她想要在事业上有更多的进展。她和丈夫投资了阳光卫视，这是中国电视业中的一次大胆尝试，最终以杨澜转让所有权收场，他们在其中投入的精力和作出的挣扎是可以想见的。但这并不能成为她不做好妈妈的借口。为了让儿子安心，她决定辞职一年，完全在家里照顾儿子。

"做母亲也是需要学习的。"杨澜说自己现在特别庆幸自己为孩子休假了一年。

因为工作的原因，儿子从上海转学到了北京，刚开始时他很不开心，总抱怨说到了北京就见不到上海的老师和同学了。杨澜告诉孩子，他很快就可以交到新的朋友了。但是不久，杨澜就从一本教育心理学方面的书上读到，大人往往觉得搬家是小事情，但是在孩子的头脑中却是件大事。因为他到了一个全新的环境，需要花很长的时间和勇气才能适应。杨澜发现自己用新的朋友圈来宽慰孩子的做法是不对的，这会让他有一种背叛、负罪的感觉。孩子会觉得妈妈的意思是交了新朋友就可以忘了老朋友，所以杨澜主动帮他搜集整理上海同学和老师的联系方式，还建议他隔段时间就电话问候这些老朋友，约时间聚会。

心理学上这样一个很善意的提醒，让杨澜懂得了孩子在面对新环境中的想法和心理，然后根据孩子的需要为孩子提供了适当的爱，赢得了孩子的喜欢，也让孩子很快适应了变迁后的生活。

学习是妈妈应该长期进修的一门功课，在养育孩子的过程中会遇到很多的问题，凭着感觉我们也可能会做好，但是用更科学、更符合孩子成长规律的方法来进行教育，妈妈无疑会做得更好。

此外，做妈妈的还要知道，妈妈是孩子的影子，对孩子的影响是润物细无声的，在与孩子朝夕相处的日子里，妈妈的品行、情绪、价值观、心态都会潜移默化地传达给自己的孩子。妈妈们在这些方面要有意识地提升自己的素质。

一个懂得尊重别人的妈妈，才会教出懂得自尊的孩子；妈妈爱读书，孩子才能爱学习；妈妈热爱生活，孩子才会善待生命；在人际交往中，孩子与人相处自如的心态来自妈妈，妈妈的风度，将会决定孩子未来的高度……

所以，作为一个妈妈，需要全面地学习，在生活中注意自己的言行，培养自己的信心，控制好自己的情绪，做一个优雅而富有魅力的妈妈。只有做个不断完善自己的妈妈，才能成为一个孩子喜欢、自己喜欢的好妈妈。

李振霞——创造家庭博士群的好妈妈

"妈妈"是这个世界上最美丽的称谓，她不但给予孩子生命，还教育孩子成才。在经历了十月怀胎之苦后，孩子一朝分娩，作为妈妈就会露出欣慰的笑容。同时也会暗暗告诉自己要把孩子抚育成人，这是每一个做妈妈的夙愿。李振霞也是千千万万妈妈中的一员，她也有望子成龙，望女成凤的期望。

李振霞是 20 世纪 50 年代中国人民大学的研究生，毕业后从事哲学教学工作。她是中国现代哲学研究开拓者之一，发表了 50 多篇学术论文，出版过 500 多万字的个人专著。如此繁忙的工作并没有影响了她教育子女的工作。她没有被"生子容易，教子难"的经验所吓倒，不辞辛苦，把自己的 4 个孩子都培养成了出类拔萃的精英人才。

当亲朋好友得知李振霞把4个孩子都培养成了各行各业的顶尖人才后，送给了他们家一个"家庭博士群"的称号，这个特殊的称呼是对李振霞家庭教育的一种肯定，是一种发自大家内心的赞美。一个家庭中出现了4个博士，让天下的父母对他们投去了羡慕的目光。

这个家庭中的长女金萤，毕业于首都医科大学，后来到美国约翰霍浦·金斯大学医学院做了博士后，主要从事基因工程的研究；长子金煜毕业于青岛海洋大学，后来在麻省理工学院取得博士学位，在构造地理物理学领域研究岩石圈动力学方面做出了卓越的贡献；次子金侠，在中国协和医科大学本、硕连读后，前往英国伦敦大学再次攻读学士学位，之后在剑桥大学攻读医学博士学位，在艾滋病研究方面颇有建树；小儿子金延毕业于清华大学，之后在中国航空研究院取得了博士学位，又考取了国际研究员，现在为美国匹兹堡卡耐基·梅隆大学研究员。

在孩子成功的背后大多有一位伟大的妈妈。"家庭博士群"背后伟大的妈妈就是李振霞，科学的教育观、强烈的责任感以及顽强不屈的精神正是她成功教育子女的关键。妈妈李振霞的科学教育把家中的4个孩子领向了不凡的人生道路。

在孩子的成长教育过程中，中国人民大学毕业的李振霞深深懂得学习的重要性，她知道只有知识才能改变命运，只有知识才能让孩子在人生的道路上走得更远。于是在孩子很小的时候，就注重对他们的学习教育。多年的求学经历，让她深深懂得学习过程中的苦与乐，在引导孩子学习的过程中尽量让孩子发掘学习的乐趣，让兴趣带动孩子去学习。

跟丈夫商量后，她给孩子看《十万个为什么》《鲁迅全集》等书籍，让孩子从书中培养对学习的兴趣。有时候在游玩的过程中她也会把很多知识传达给孩子。当时他们住的地方离颐和园很近，每次全家游园的时候，她会跟孩子讲长廊中各种彩绘的内容，这也是孩子们比较感兴趣的。就这样孩子们的知识就在课堂、家教、参观和游玩的过程中逐渐的丰富起来了。

在养育孩子的时候，李振霞认为对待孩子要有一个平等、民主的心态。她给自己定一个原则：不在客人面前说孩子，以免伤害孩子的自尊心；不在家人面前说孩子，以免影响到姐弟之间相爱和好感；也不在饭桌上说孩子，以免影响到孩子的食欲；更不在气头上说孩子，在自己情绪激动的时候不适合教育孩子。李振霞总是以温和去感染孩子，而不是用霸气去征服孩子。在这潜移默化中影响孩子养成了良好的做人做事的习惯。在金煜出国的时候，他对父母说："到了国外，爸妈不必惦念，你们平日里为人处世的言行，我都记在心里，足够用了。做学问先做人，好人才能做出好学问。"

李振霞的学识、科学的养育观、对孩子平等的态度、温和的品性都在潜移默化地影响着孩子。妈妈较高的品质、素养为他们的成功开了一扇天窗，把他们一个个带入了成功的领域。

李振霞只是世界上千千万万妈妈中的一位，古今中外，许多为国家和人类作出贡献的爱国者、民族英雄、政治家、军事家、文学家、科学家，随手翻阅一下他们的成长史，我们都会发现是妈妈在他们迈向成功的道路上起到了重要作用。

妈妈"精忠报国"的刺字让岳飞名垂千古；坚强的克林顿之母教会他永不放弃；贫困年代妈妈正直的培养让李明博坐上了韩国总统的位置；奥巴马的妈妈也把孩子推向了一个广阔的平台……

这些了不起的妈妈让我们明白：妈妈不仅仅是孩子生命的缔造者，还是孩子成功未来的影响者。妈妈自身的涵养、学识、修养、德行时时刻刻在影响着孩子。倘若每个妈妈能够将自身的优秀品质渗透到孩子的骨子里，孩子未来、人生必然不同凡响。

居里夫人——优质的妈妈培养出优质的孩子

作为"镭"的发现者、两次诺贝尔奖的获得者，居里夫人是一个伟大的科学家，同时，作为一个妈妈，她的表现绝不逊于在科学实验上的表现。有人为了称赞她在教育上的贡献，称她是"20世纪送给人类的最宝贵的礼物，是上帝对人类重视母亲的不断诚恳暗示里的一次重要的提醒！"马克·吐温说："19世纪诞生了两位伟大的人物，一位是拿破仑，一位是海伦·凯勒。"那么20世纪也有两位伟人，一位是爱因斯坦，另外的一位就是居里夫人。她不仅是20世纪最伟大的科学家，还是最伟大的教育实践者。居里夫人最终使大女儿伊蕾娜·居里因"新放射性元素的合成"于1993年荣获诺贝尔化学奖，也使小女儿艾芙·居里成为一位优秀的音乐教育家和人物传记作家。

居里夫人从整个科学生涯和人生道路上体会出一个道理：人之智力的成就，在很大程度上依赖于品格之高尚。因此，她把一生追求事业和高尚品德的精神，影响和延伸到自己的子女和学生身上，利用各种机会培养孩子形成良好的道德品格。

当伊蕾娜和艾芙还在幼年时期，居里夫人为了锻炼女儿勇敢的品质，她就不许女儿怕黑，不许雷声轰隆时把头藏在枕头下，不许怕贼与流行病。在第一次世界大战战火纷飞的恐怖日子里，居里夫人强迫她的女儿暑假到国内外旅行，并让她俩给战士织毛衣。她俩还加入收获队，代替男子冒着危险去抢收麦子，从小培养她们勇敢而有主见的独立人格。

居里夫人通过自己坚强的意志和乐观勇敢的生活态度，将生命的热忱传递给女儿，感染她们，影响她们，在教育女儿的过程中将母亲的天性发挥到了极致。

做母亲是一门艺术，我们要把自身的优点发挥出来，这样孩子才能站在我们的肩膀上走得更远。有着良好素质的妈妈才会在教育实践中，扬长避短教育出优秀的孩子来。素质低的妈妈对孩子的教育则会产生不良的影响。

北京市教育工作者曾对家庭教育问题做过一次专门的调查，结果表明70%以上的妈妈不知道如何正确教育孩子，20%以上的妈妈综合素质不能承担起教育子女的责任。妈妈素质不高，会直接或者间接地影响孩子的素质。

因此，在日常的生活和教育实践中，妈妈要及时提高自身的素质，只有自身素质提高了，才能教育出优秀的孩子。正如当代教育家卢勤说的那样，教育孩子先要教育自己。用自身的优秀去影响孩子，把自己爱学习的习惯传达给孩子，用自己积极乐观的态度给孩子创造一个温暖的成长环境，把自己正确的人生价值观及时传递给孩子，这样才能给孩子一个美好的人生。

米切尔夫人——妈妈是产生希望的希望

"妈妈是产生希望的希望"，民族的希望也寄托在妈妈的身上。目前世界各国以妈妈素质和品质为焦点的竞争正日益明显，哪个民族拥有了高素质的妈妈群体，哪个民族就能更好地培养出下一代，哪一个民族就会在未来世界中拥有辉煌的地位，并且始终处于不败之地。

一个民族是这样，一个家庭更是如此。高品质和高素质的妈妈会给家庭带来希望，也会给孩子带来希望。

有一个小女孩从小就不喜欢学习数学，一天放学回家对妈妈说："算术真的太难了，从明天开始我不去学校了。"妈妈用温和的眼光注视着女儿："真的吗？你是如此讨厌学习数学啊！我带你去一个地方，也许你会改变自己的想法。"

于是妈妈带着这个小女孩驱车奔向附近的一个农场，跑了一段时间后，马车开始停下来。妈妈指着道路一侧的废墟和工人住的简易房对这个小女孩说："孩子，你看到那些房子了吗？"

"为什么会变成这样呢？"

"以前这里住的都是有地位的人，但是战争爆发之后，这里就变成了废墟。而住在里边的人也变得穷困潦倒。战争之前那些风光的人，那些雄伟、壮观的房子，都在战争中消逝了，成了这个样子。"

然后妈妈又指着道路另外一侧的略显壮观的房子对女儿说："孩子，你再看这边。"

"妈妈，这边的房子怎么没有被战争破坏呢？"

"因为这里边住的都是有力量的人，他们在战后凭借自己的力量建立了这样的房子并坚持下来，屹立不倒。"

"那我也要成为有力量的人！"

"很好。做一个有力量的人才能在遭遇困难和挫折的时候，拥有战胜困难的武器，这样你就不会在困难中变得跟那些废墟一样了。所以你要好好学习。如果不认真学习的话，就得不到任何人的重视，尤其是女孩子。"

"拥有了知识，任何困难我们都不会害怕。"小女孩对妈妈说道。

很多年之后，这个小女孩把妈妈展示给她的景象用文字记录了下来，妈妈给她展现出来的坚强也真实地在她的人生中反映了出来。她把这些都写进了一本叫做《飘》的小说而流传于世，给很多试图从失败和挫折中重新站起来的人送去了希望。

这个小女孩就是著名的作家玛格丽特·米切尔。玛格丽特的妈妈——米切尔夫人就是用这样简单的方式让女儿对自己的人生充满了希望，妈妈的教育培养了她热情、执著和不屈不挠的精神。

玛格丽特在她 26 岁的时候，曾担任《亚历山大日报》的记者，后来一次意外导致了她腿部残疾。在她花样年华的时候遭遇如此大的挫折时，因为承受不了曾一度绝望，但是想起妈妈的教导，便重新站起来了。她想："尽管我变成了瘸子，但是我的双手还是健康的，头脑还是健全的，我还可以继续写作。"

这种念头成为支撑起她生存下去的唯一希望。接下来她便拼命进行创作，10 年中完成了她逾千页的长篇巨著。但是因为不知名而多次被多家出版社否定，在遭遇了一次次的冷笑和拒绝后，她仍然没有放弃。当人生的希望已随风飘逝的时候，她顽强地站立着，她的诚恳和坚强终于打动了一个出版界人士，经过了一场紧锣密鼓的宣传和筹划后，《飘》终于问世了，后来还被改编成了电影，著名影星费雯丽就因饰演其中的女主角而夺得了第十二届奥斯卡金像奖（1939）最佳女主角，闻名于世。

是妈妈教会了玛格丽特要坚强、要靠自己活着，她才找到了自己的人生舞台。

妈妈在日常生活中一个不经意的言行，也会影响孩子的成长，让孩子懂得要在艰难困苦中走出，找到属于自己的光明未来。孩子的成长过程中难免会遇到困难和挫折，这个时候做妈妈的更不能袖手旁观，要给孩子一个积极引导，让他们看到方向，看到希望。

妈妈要想做好子女的灯塔，首先要懂得给予自己希望。只有看到希望的妈妈，才能在家教的过程中给予子女希望。幸福不是回忆过去，而是憧憬未来，在遇到困难的时候往好的方面想的人，这样才能真正走出困境，而妈妈们的责任，就是让孩子拥有一颗充满希望的心灵。

不管什么时候，妈妈都应该感觉到希望的存在。比如，孩子偶然在一次考试中失败，这个时候妈妈要理解孩子的感受，把他从失落的痛苦中拯救出来。你也可以让孩子知道："塞翁失马，焉知祸福。"用你温暖的言语让孩子懂得，一次的失败也许并不是什么坏的事情，考试的目的就是为了查漏补缺，好好总结失败的教训，这样就为以后的中高考增加了获胜的几率。

能够给予孩子希望的妈妈不悲观。悲观不是天生的，就像人类的其他态度一样，悲观不但可以减轻，而且通过努力还能转变成一种新的态度——乐观。当你在生活中养成积极乐观的态度后，你就会微笑着面对每一天，面对周围的每一个人。如此一来，孩子看到微笑的妈妈，自然就看到了生活的希望，看到了美好的明天。

张炳惠——营造温暖的家，让孩子飞得更高

　　给孩子一个温暖的家，让孩子在这个家中感觉到温暖，让他们在家庭中感到满足和自信，是每个妈妈应尽的义务。在营造温暖的家庭氛围中，妈妈以她特有的身份占有得天独厚的优势。她的细心和认真，懂得怎样让孩子理解家庭的爱，感受家庭中的温暖。

　　韩国第一妈妈张炳惠在营造家庭温暖的港湾上是每一个妈妈学习的模范。张炳惠是已故韩国政府总理张泽相的女儿，她获得匹兹堡大学历史学硕士学位和乔治敦大学历史学博士学位。她被美国和日本称为有着 40 多年教授生涯的韩国"第一妈妈"。这个称呼的来历主要在于她将 3 个继子都送进了美国哈佛和耶鲁大学。长女毕业于美国哈佛大学，后来成为了一名国际律师，次女 16 岁的时候以第一名的成绩进入耶鲁大学，毕业后也成了一名国际律师，长子毕业于耶鲁大学后来在哈佛大学进修经济学管理，以第一名的好成绩成为卓越的商业人士。

　　孩子们的成功跟这个继母张炳惠的教育信念有很大的关系，她坚信优秀的妈妈就会教育出优秀的子女。在教育过程中张炳惠有自己的原则，妈妈除了要做孩子的榜样和对他们因材施教外，更重要的一个原则就是要为孩子的成长营造一个温暖的家。她接手的这 3 个孩子从小就遭遇妈妈的离异，在别人的抚养下生活，根本没有什么家的观念，更别说感受家庭的温暖了。这样的经历让他们缺乏安全感，也不懂得人与人之间要相互的谦让、友爱和

帮助。

妈妈张炳惠深深理解孩子的这种缺失，于是她总会绞尽脑汁想尽一切办法让孩子理解家的概念，想尽办法让他们感受到家的温暖。在这方面她发挥了妈妈最大的影响力，让3个孩子在家中找了他们的安全感和自信心。

自从张炳惠来到这个家后，家里的一切都在悄悄起着变化，以前的脏乱状态也一去不复返了。在家里每一个人都有自己的责任，轮流做卫生也成了一个不成文的规定，在妈妈的影响下，做家务也成了孩子们生活习惯的一部分。

有一天长女爱丽丝不舒服，那天正好赶上她做值日。于是张炳惠就把握住了这个很好的机会，对经常和爱丽丝吵架的长子彼得说："姐姐今天不舒服，你帮她做卫生好吗？"

彼得表现出了为难的表情，因为他们兄弟姐妹之间从来没有互相帮助的习惯，因此他显得很犹豫。张炳惠站在犹豫不决的彼得面前，对他大声地喊："我们的彼得今天替生病的爱丽丝打扫房间，爱丽丝听见了吗？"

彼得在替爱丽丝做卫生的时候，似乎是为了让姐姐看到他的表现，他又扫又擦，格外卖力。自从彼得替爱丽丝打扫卫生后，爱丽丝对彼得的态度发生了很大的转变。之后的生活中，当遇到困难的时候，爱丽丝还会请彼得帮忙，并总是向彼得表达谢意。听到姐姐感谢的话，彼得非常开心，他们俩的关系越来越好了。

渐渐地，在妈妈的引导下，他们家出现相互帮助、相互关爱的氛围。她的努力缓解了姐妹和姐弟之间的冷漠，孩子们也知道了当自己遇到困难的时候，自己再也不是一个人去承担了，关键时候还有家人的帮助，他们的不安全感也渐渐消失了。

后来，每当妈妈下班回家，孩子们都会上前问候。就这样家庭中的温暖就像温泉一样在汩汩流出。这样的家庭氛围成了他们勇往直前的动力和源泉，成就了他们不凡和华美的人生。

在闲暇的时候，你是否问过自己，有没有辜负"妈妈"这个温暖的称呼？是否珍惜自己身为妈妈的影响力，是否竭尽所能地给孩子带去阳光和自信？孩子在反省中成长，妈妈也要在反省中升华。只有这样，才能给孩子营造一个温馨、和谐与宽容的家，才能让孩子在这样的家庭环境中受到良好的熏陶，才能给孩子提供一个高的起点，让孩子飞得更高，走得更远……

撒切尔夫人——是非观关乎孩子的未来

撒切尔夫人就是一个是非观念很强的人，正确的是非观念引领着她步入政坛，成为历史上有名的"铁娘子"，并且让她成了20世纪执政时间最长的政府首脑。她得益于正确是非观的影响，所以在教育孩子的过程中，也很注重对孩子是非价值观的教育和培养。

孩子尚处于一个蒙昧的时期，最容易受到周遭世界的影响，这些影响使得他们逐渐形成自己最初的是非价值观。这些观念一旦形成就很难改变，并且将会影响其一生。撒切尔夫人懂得这一点，她不但重视是非观对自己人生的影响，还重视对孩子是非观的教育。

在培养孩子树立正确是非观上，撒切尔夫人很重视交流对孩子的影响。很多父母总是抱怨自己没有时间跟孩子说话，这是让她感觉到非常遗憾的一件事情。撒切尔夫人不管多么忙，不管工作上的压力是多么大，她总是会想办法挤出时间跟孩子说话。把孩子问的问题说清楚。父母和孩子关系的远近不在于她与孩子在一起的时候长短，而在于你在特定的时间里对他们的关怀。所以撒切尔一有时间就和孩子在一起闲聊，从孩子每天的趣闻中，分享他们的心情，同时还告诉孩子事情的是非曲直，告诉他们如何去判断一件事情或者一个人物。

撒切尔夫人最喜欢的儿子马克喜欢模仿父亲。一次，撒切尔夫人打电话过来，想告诉自己的丈夫她有宴会不能回家共进晚餐。电话铃响起后，马克对着电话嚷道："我是撒切尔！"撒切尔夫人当时很生气，认为即使是大人，在自己的家中这样接电话也是不礼貌的，而小小的年纪更不应该这样。撒切尔夫人不想放任儿子这样做，她专程赶回家里。耐心地对马克说明这样做是不礼貌的，同时严厉指出这样做的严重后果，及时制止了马克这种不良的行为。

撒切尔夫人的教子观与我们传统的"授之以鱼不如授之以渔"很相似，她说："教育子女最重要的不是告诉他们什么是正确的，什么是不正确的，而是要培养他们明辨是非的能力，让他们自己能独立作出判断。"怎样才能让孩子养成独立判断的能力呢？一方面要让他们多读书，在读书的过程中认真思考，形成自己的是非观念。另外一方面就是要孩子们多经历，能够自己去处理一些事情，比如和同学们之间闹了矛盾之后，要引导孩子自己去化解矛盾。渐渐地就会形成适合他们自己的为人处世的方式，在这个过程中孩子还能学会尊重他人，尊重他们的人格和生活方式。为他们将来走向社会，为他们的人际交往奠定一个良好的基础。

所以，作为对孩子影响力极大的母亲，不但要有自己做事的原则，有自己的是非观念，把自己的是非观传达给孩子的同时，还有培养孩子辨别是非的能力，这样才能引导孩子走向一个光明的人生。

那么，什么是是非观念呢？所谓的是非观，也就是对日常中行为和事件正确和错误的看法和认识。这就是说作为一个教育孩子的妈妈，自己首先对事物要有一个认识，这就需要我们丰富自己的知识，开阔自己的视野，要有足够的能力和认知对事物的发生和发展有一个客观的评价。

比如，当金融危机到来的时候，面对飞涨的物价，在孩子面前我们不能一味地抱怨，这时候你首先要对金融危机有一个正确的认识，才能让孩子理解，让他们知道金融危机是一种难避免的经济学现象，这是经济发展的一个不健康状态的，所以给社会带来了很大的危害，如失业人数增多，物价上涨。让更多的人生活更加的拮据，还让股市处于一个动荡不安的状态。

只有这样才能消除孩子心中的困惑和畏惧，让他们对经济有一个很感性而正确的认识。因此，妈妈要在生活中做一个有心人，对生活中和周围的事情要留心，并且能够独立思考，形成自己的认识，指导着自己的生活。当你的是非观形成之后，不但会指引你的行为方式，还会给自己的生活指引方向。

有人说："世界上最高的道德是要坚守自己的原则。"这样的人才能将自己的影响最大化。在生活中坚持自己的原则的人才能赢得朋友，在工作中坚持自己原则的人才能将事情做得更好。

当一个人的外在行动和内在思想相称时，他是诚实的。当一个人抛弃他的真理去取悦他人时，他就放弃了诚实。没有什么比作真正的自己更重要，而坚持自我的支柱莫过于一个人的尊严与操守，自尊、自信、正直。放弃那些迎合别人的无谓牺牲，你才能拥有别人最真诚的敬意，才能成为一个光明磊落的大格局者。

在家庭教育中也是如此，一个坚持自己原则的妈妈才有影响力。这里我们所说的原则就是一个人的是非价值取向。一个有是非观念的妈妈才能把孩子引向正确的发展道路，所以一个女性在成为妈妈之前一定要树立正确的是非观念。

卡耐基之母——母亲的自信成就了孩子的勇敢

现代社会不欢迎怯懦的人，怯懦的孩子在社会中没有立足之地。妈妈在教育孩子的过程中要改变孩子怯懦畏惧的心理，让孩子端正心态，鼓足勇气去生活，去谱写自己美好的未来。

妈妈应该如何做才能让孩子勇敢起来呢？卡耐基的母亲给了我们最好的答案。那就是用自己的自信去影响孩子。

戴尔·卡耐基是世界著名的成功学家，他的著作和教育机构成就了千千万万的人。《人性的弱点》《人性的优点》《语言的突破》等几部著作，在全世界都非常畅销。世界传媒大王默多克说："戴尔·卡耐基的这些原则如魔术般地令人震惊，它改变了几亿人的生活。"

就这样一位熠熠生辉的大师，却有一个悲苦的童年。但是幸运的是在他最困难的日子里，他的母亲——一位虔诚的女教徒，始终以自己坚定的信念支撑着他，可以说，是母亲坚定的信念，成就了举世闻名的励志大师。

幼年的卡耐基由于营养不良，头发不是人们喜爱的金黄色而是淡黄略显灰色，加上一对与自己头部不相称的大耳朵，显得很平庸。再加上父亲悲观思想的影响，让他终日郁郁寡欢。

但是她的母亲却给他的生活注入了阳光。她的母亲是一个很乐观自信的女性。她总是以自己的乐观来鼓励丈夫和儿子。

卡耐基后来在他的《摆脱忧郁》中写道："我常听见母亲忆起，每当父亲去谷仓喂马及乳牛，没有在她预计的时间归来时，她总要赶去谷仓看看，她时常害怕会突然发现他的身体吊在绳端晃来晃去。"

有一次卡耐基跟着父亲去银行申请延期还贷款的事情，银行家很凶狠地告诉他们："如果不能按时还贷款，就要没收你们家的财产。"父亲无可奈何，带着卡耐基沮丧地往回走。

当他走到曾给他们带来灾难的河边时，他停下来，望着静静流淌的河水发愣。跟在后边的卡耐基以为父亲在等他呢，谁知父亲看着河水喃喃自语道："运河水可以滚滚向前，畅通无阻，而我却走投无路，四处碰壁，这是为什么呢？为什么呢？"

成年后的卡耐基再回忆起这件事情，就想起了父亲对他说的话："要不是因为你母亲坚定的信仰和乐观的支持，我是绝对没有勇气在那些琐碎的日子里生存下去。"

卡耐基父亲的辛苦劳作，再加上长期的抑郁，积劳成疾，身体健康状况极度恶化，变得十分憔悴。当医生告诉卡耐基的母亲，她的丈夫詹姆斯的寿命将不会超过6个月的时候，卡耐基呆呆地看着母亲，他看到母亲的眼中有一种亮晶晶的东西在闪动，终于，两行眼泪顺着她的面颊滚了下来。但是他母亲并没放弃，在她圣歌的呼唤中，父亲活了下来。

戴尔·卡耐基对这些经历仍记忆犹新。他后来回忆说，在灾难面前，母亲这位坚定的基督教徒，总是一边操劳一边坚定地唱着圣歌。而父亲詹姆斯沮丧的愁容也逐渐换成一副顽强不屈的样子。

这些情景在卡耐基幼小的心灵中也深深地扎下根，使得他以后能有极大的勇气，一次又一次坚强地面对挫折与失败。母亲的自信和乐观影响了卡耐基的一生，她相信所有的困境都是暂时的。每当卡耐基极度沮丧的时候，总能听到母亲在他身边唱圣歌。

卡耐基就这样在母亲乐观和自信的圣歌中找到了生活下去的勇气，改变了自己怯懦、郁郁寡欢的心理特征。这是值得每一位母亲学习的。

我们知道，怯懦的人总是会害怕自己处于有压力的状态，因而他们也害怕竞争。在对手或困难面前，他们往往不善于坚持，而选择回避或屈服。怯懦的孩子对于自尊并不忽视，但他们常常愿意用屈辱来换回安宁。

据心理专家称，胆怯心理大多数是后天形成的。造成孩子胆小的源头在家庭、在父母、在他们不恰当的教育。家长在日常生活中对孩子限制过多，如到公园玩耍时，不让孩子去爬山恐怕摔下来，不让孩子去湖边玩怕掉下去，等等。造成孩子不敢从尝试与实践中获得知识，取得经验，这也造成胆小怯懦。从家教的角度来说，过分保护是儿童形成怯懦心理的主要原因。

面对怯懦的孩子妈妈除了鼓励他们，让他们学会坚强外，还要注意自己在生活中的言行。不能经常去恐吓孩子。有的母亲为了让孩子听话，老是用吓唬孩子的办法。孩子哭了，妈妈会说："你再哭，就不要你了"。孩子不听话，有的妈妈说："你再不听话，让老虎把你吃掉。"孩子什么都怕就会变成非常胆小的人，这样渐渐地就把孩子勇气给抹杀了。

想让孩子摆脱怯懦、勇敢地生活。妈妈就不能总是呵斥孩子。有些妈妈非常严厉，对孩子的要求过于苛刻，稍有差错或稍有不顺眼的地方，动辄大声训斥，严厉批评，不允许孩子有半点自由，一举一动都要经过家长的许可。久而久之，孩子就会变得胆小怕事，唯唯诺诺。

此外，妈妈为了纠正孩子怯懦的心理，还要鼓励他们去跟别人交往，给他们输入一种强者的姿态，当孩子失败的时候，不要嘲笑他们，相反要给他们以积极战胜失败的勇气和信心。

基辛格之母——时刻保持一颗宠辱不惊的心

妈妈是孩子最大的影响者之一，教育孩子保持一颗平常心，给孩子一个轻松的环境，是非常必要的。在这方面亨利·基辛格的妈妈做得特别出色。

1923 年亨利·基辛格出生在德国菲尔市，犹太人的后裔。1938 年随父母移居美国。到了美国，亨利·基辛格一家要变成美国人那样，也并不是一件容易的事，语言、工作、学校，一切都是新的，不好办。亨利·基辛格的父亲发现自己原来在德国的学历到纽约后并不怎么吃香，只好凑合着当了一名办事员，这使他灰心丧气。

然而，妈妈葆拉却能保持一颗平常心，尽管遭受如此大的打击和不幸。她仍能像往常一样保持着积极的心态。她总是对亨利·基辛格说："孩子，这些不幸没什么，这是上帝的安排，我们不能因此而失去生活的信念。当然我们也不能祈求上帝给我们莫大的幸福。"这一点对亨利·基辛格的影响很大，以至于他在面对大多数失败和成功都能保持从容。

"平常心"这个词，我们知道很久了。可是，真正又有几个人懂得平常心的真正含义呢？又有多少人能够真正做到宠辱不惊呢？我们常常把心思放在别人的评价上，放在别人的言行上，又如何能言行自在、悲喜从容呢？

所谓平常之心，就是不能只要成功，而拒绝失败，害怕失败。平常之心就是要把成功、失败看得平平常常。简单讲，就是要正确对待成功与失败。成功了，不要骄傲，不要狂妄自大。失败了，也应该平静地接受。但是妈妈应该让孩子明白：一颗平常之心，并不是不要进取之心、成功之心，而是以平常之心，去进取、去成功，得到更充分的发展。

失败也是生活必需的内容，没有失败的生活是不可能的。有失败，才说明生活是有奋斗的，人生才是有意义的。接受失败应该成为人们生活中一项必不可少的内容。如果不接受生活中的失败，那么，就歪曲了生活的本来面目，个人将会受到生活的"惩罚"。世上没有常胜将军，每个人都得平静地接受生活所给予的各种困难、挫折和失败。

有位对佛学研究颇深的作家说佛教的经典与禅师的体悟，常常把心的状态称为"心水"。水是包容的，无论它被何种状态的容器盛放，它都会与容器处于和谐统一的状态，它永远不损伤自己的本质又永远可以回归到无碍的状态。所以，水可以包容一切又能被一切包容，而能包容的心不正如柔软的水吗？

拥有平常心，你也就拥有了人格魅力，也就能"去留无意，任云卷云舒"。不管是在生活中还是在养育孩子的事情上，妈妈都要有一颗平常心，让孩子在一种"自然"的环境中成长，此外还要对孩子进行平常心的培养，这是孩子心理健康的一种标志。保持平常心的孩子不会嫉妒，他们能更清楚地知道什么东西更适合自己，就不会犯故事中的桃树的错误。

在果园的核桃树旁边，长着一棵桃树，它的嫉妒心很重，一看到核桃树上挂满的果实，心里就觉得很不是滋味儿。

"为什么核桃树结的果子要比我多呢？"桃树愤愤不平地抱怨着，"我有哪一点不如它呢？老天爷真是太不公平了！不行，明年我一定要和它比个高低，结出比它还要多的桃子！让它看看我的本事！"

"你不要无端嫉妒别人啦，"长在桃树附近的老李子树劝诫道，"难道你没有发现，核桃树有着多么粗壮的树干、多么坚韧的枝条吗？你也不动动脑想一想，如果你也结出那么多的果实，你那瘦弱的枝干能承受得了吗？我劝你还是安分守己，老老实实地过日子吧！"

自傲的桃树可听不进李子树的忠告，嫉妒心蒙住了它的耳朵和眼睛，不管多么有理的规劝，对它都起不到任何作用。桃树命令它的树根尽力钻得深些、再深些，要紧紧地咬住大地，把土壤中能够汲取的营养和水分统统都吸收上来。它还命令树枝要使出全部的力气，拼命地开花，开得越多越好，而且要保证让所有的花朵都结出果实。

它的命令生效了，第二年花期一过，这棵桃树浑身上下密密麻麻地挂满了桃子。桃树高兴极了，它认为今年可以和核桃树好好比个高低了。

充盈的果汁使得桃子一天天加重了分量，渐渐地，桃树的树枝、树杈都被压弯了腰，连气都喘不过来了。它们纷纷向桃树发出请求，赶快抖掉一部分桃子，否则就要承受不住了。可是桃树不肯放弃即将到来的荣耀，它下令树枝与树杈要坚持住，不能半途而废。

这一天，不堪重负的桃树发出一阵哀鸣，紧接着就听到"咔嚓"一声，树干齐腰折断了。尚未完全成熟的桃子滚满了一地，在核桃树脚下渐渐地腐烂了。

桃树的教训是深刻的，它的诱因在于嫉妒，其根源在于缺少平常心。

果木生长的道理如此，人的成长规律也是如此。培养孩子的平常心，这样孩子才能正确看待比自己优秀的人，养成一种宽容心态，对待周围的人和物。这样不仅给人留下好印象，更重要的是对自己而言更舒适、自然。拥有平常心的孩子不会盲目追求，他们在失去的时候不会懊悔，懂得失去并不可怕，珍惜才是最重要的。

妈妈将平常心植入孩子的思想，他们就会正确看待人生，也就不会提前预支自己的烦恼。在生活中有些孩子企图将人生的烦恼提前解决，以便将来过得更好、更自在。但实际上，人生中很多事情只能循序渐进，绝不可能提前完成。过早地为将来担忧，非但于事无补，而且会让自己眼下活得束手缚脚。

无论是妈妈还是孩子，都要懂得知足常乐，不要预支明天的烦恼，不要想着早一步解决将来的痛苦，踏实着眼于现在，用一颗宠辱不惊的平常心看待一切，才能让生活过得轻松，并更有意义。

张世君——积极培养孩子观察力的好妈妈

张蒙蒙是一个人人羡慕的小作家，1989 年生，从 7 岁开始写日记，9 岁出版第一本书，先后出版了《告诉你，我不笨》《告诉你，我不是丑小鸭》《童年，只有一次》《快乐伴我成长》《边玩边长大》《我的天空有彩虹》以及《长不大的嘴巴和长得太大的嘴巴》7本书，共140万字，主要是以日记形式写的成长经历，里面穿插有童话、书评、故事等。

她从小时候就做得很优秀，这与她妈妈张世君的教养分不开。张蒙蒙的成长凝聚了妈妈巨大的心血，张世君认为观察力和思考的能力是打开知识库的金钥匙，于是从小的时候就很注意对张蒙蒙进行有意识的观察力训练。她总是引导孩子平时留心观察身边的事物，学着对它们进行思考，这样训练的结果是：张蒙蒙对周围的人和事经常会产生比较新奇的看法。

张世君说："小孩子的观察往往是不经意的，如果能及时培养孩子养成写日记的习惯，当他们把观察到的事情用自己的笔记下来的过程，就是一个很好的思考的过程。这样就会很自然留住孩子脑子中很多思考的成果。"你是不是经常有这样的经历，经常会看到某个熟悉的场景，也会经常想起某句话似曾耳熟。但是就是想不起来，生活中我们总是会经历很多事情，但是能记住的又会有多少呢？把宝贵的经历浪费掉是多么可惜的一件事情啊，所以做妈妈的一定要让孩子知道写日记的重要性。当孩子养成观察和思考的习惯时，生活中的一点一滴都会呈现在孩子的笔下。

有一次，张世君带女儿蒙蒙到街上玩，沿途经过一条老街，蒙蒙对妈妈说："妈妈，你看这条街楼房的门很特别，有三层门。外面一层是半截的雕花木门，中间一层是横栏杆门，里边一层是大木门。"

张世君说："我也注意到了，是很特别，这些都是广州的老建筑了。"

蒙蒙对此感到很好奇，就拉着妈妈要仔细地去参观。过了一会儿蒙蒙又说："虽然这些房子现在看来很旧了，但是它的窗户、阳台都很别致，有的还雕了花，旁边的高楼大厦虽然很雄伟，但是窗户阳台都很简单，不雕花。"

张世君问："那说明了什么呢？"

蒙蒙说："说明时代不同了，房子也建得不一样了。还说明了，以前住这种房子的人，起码都是有钱人，比妈妈小时候有钱，也比我们没有搬新房子前有钱，我们住的老房子连阳台都没有。"

张世君笑了，说："那当然。"她感到很欣慰，因为，女儿蒙蒙观察得很仔细，思考得也很深入。孩子这种习惯是随着时间的积累和年龄的增长而逐渐完善的，有一次张蒙蒙跟妈妈去一个电视台参加"女性时空"节目的录制，到了她才发现演播室的主持人、编辑和工作人员都是男的。回来的路上，妈妈问起张蒙蒙的感受，她说："刚进演播室的时候，只见天花板上有无数的像烟囱一样的灯，把场地照得亮堂堂的，还真有点紧张。但是后来看到演播室里全是男的工作人员，一思考这个问题，紧张感就消失了。"

妈妈听到蒙蒙这样的回答欣慰地笑了，心想这个问题我都没注意到，鬼丫头观察得却是如此的仔细，还有这么惊人的发现：既然是"女性时空"节目，为何从主持到工作人员都是男的呢？确实是一个不小的漏洞。

就这样张蒙蒙在妈妈的精心养育下，养成了认真观察深入思考的好习惯，也成了她成功的一条途径。所以，作为现代社会中的知性妈妈，要重视对孩子观察力和思考力的培养。